Reuniones Uno a Uno

El ritmo que mueve al equipo

Miguel Antonio Esquivel Klein

Derechos de autor © 20204 Miguel Antonio Esquivel Klein
Todos los derechos reservados

Derechos de Autor
Reuniones Uno a Uno: El ritmo que mueve al equipo
© 2024 Miguel Antonio Esquivel Klein. Todos los derechos reservados.

Ninguna parte de este libro puede ser reproducida, distribuida o transmitida en ninguna forma ni por ningún medio, incluidos los fotocopiados, la grabación o cualquier otro sistema de almacenamiento y recuperación de información, sin el permiso previo por escrito del autor, excepto en el caso de citas breves incluidas en reseñas críticas o artículos.

Este libro está protegido por las leyes de derechos de autor internacionales, y cualquier uso no autorizado de los materiales contenidos en él es una violación de esas leyes.

Dedicatoria

Dedico este libro a los grandes líderes del pasado que nunca conocí, pero cuyas acciones, ejemplo y lecciones han dejado una huella imborrable, unas huellas buenas y otras no tanto.

Nelson Mandela, Mahatma Gandhi, Winston Churchill, Abraham Lincoln, Julio César, Alejandro Magno, Martin Luther King Jr., Simón Bolívar, Napoleón Bonaparte, George Washington, Isabel I de Inglaterra, Catalina la Grande, Franklin D. Roosevelt, Meriwether Lewis y William Clark.

A Jetró, el sabio suegro de Moisés, quien, como podemos leer en Éxodo 18:13-26, ideó una excelente estructura organizacional que le permitió a Moisés, delegar, liderar con más efectividad y comprender el poder de las reuniones uno a uno para alcanzar grandes metas.

Y a los líderes que sí tuve la dicha de conocer, quienes me enseñaron con su amor y su ejemplo a ser quien soy:

Mi abuelo Lorenzo Esquivel, mi padre Dr. Roderick Esquivel, y mi madre Jean Klein de Esquivel.

Con gratitud y admiración.

Reuniones Uno a Uno

El ritmo que mueve al equipo

Guía de Contenido

Capitulo 1
- ¿Qué son las reuniones Uno a Uno?
- El propósito de las reuniones Uno a Uno.

Capitulo 2
- ¿Para qué ejecutar las reuniones Uno a Uno?
- Importancia de las reuniones Uno a Uno.
- Objetivos clave de las reuniones Uno a Uno.
- ¿Por qué ejecutarlas?

Capitulo 3
- Preparación para una reunión Uno a Uno.
- ¿Cómo se prepara el líder?
- ¿Cómo se prepara el liderado?

Capitulo 4
- Agenda o estructura de una reunión Uno a Uno.
- Plantilla de Agenda para Reuniones Uno a Uno.

Capitulo 5
- Las minutas de una reunión Uno a Uno.
- Herramientas para la toma de minutas.
- Estructura de las minutas.

Capitulo 6
- Compendio de preguntas.
- Preguntas del líder al liderado.
- Preguntas del liderado a su líder.
- Preguntas que NO deben hacerse en una reunión Uno a Uno.
- Preguntas que implican "micromanagement" y por qué evitarlas.

Capitulo 7
- Cadencia y duración óptima de las reuniones Uno a Uno.
- ¿Cómo gestionar la frecuencia en equipos grandes?
- ¿Cómo gestionar las reuniones uno a uno en tiempos de alta carga de trabajo?
- ¿Cómo logro establecer una cadencia para las reuniones Uno a Uno si mi equipo tiene turnos rotativos o irregulares de trabajo?

Capitulo 8

- Obstáculos comunes y cómo superarlos.
- El gerente dinosaurio.
- Superar la falta de tiempo y cancelaciones.
- Sobrecarga de reuniones.
- Mantener el enfoque en cada reunión.
- Cómo ofrecer retroalimentación crítica sin desmotivar.
- Abordar conflictos entre compañeros.
- Gestión de emociones en una conversación difícil.
- Cómo finalizar una reunión difícil de manera constructiva.
- Cómo abordar el bajo rendimiento.

Capitulo 9

- Lugares y Formatos para Realizar Reuniones Uno a Uno.

Capitulo 10

- Rompiendo con la monotonía de las reuniones Uno a Uno.
- Cambiar el lugar de la reunión.
- Cambiar el enfoque.
- Revisar el progreso con nuevas herramientas.
- Variedad en los temas de conversación.

- Ideas para diversificar los Uno a Uno.

Capitulo 11
- Los Uno a Uno con "Salto de Nivel"
- Problemas potenciales de los Uno a Uno con "Salto de Nivel".
- Cómo evitar los problemas en los Uno a Uno con "Salto de Nivel".

Capitulo 12
- Herramientas para optimizar los Uno a Uno.
- Evernote.
- MEK1:1-360.
- Otras herramientas útiles para los Uno a Uno.
- Indicadores de rendimiento.

Capitulo 13
- Escenarios inspirados en lideres influyentes.

Capitulo 14

Conclusiones

Tabla de Contenido

Dedicatoria iii

Prólogo xi

Capitulo 1: ¿Qué son las reuniones Uno a Uno? 1

Capitulo 2: ¿Por qué y para qué ejecutar las reuniones Uno a Uno? 4

Capitulo 3: Preparación para una reunión Uno a Uno 16

Capitulo 4: La agenda o estructura de una reunión Uno a Uno 24

Capitulo 5: Las minutas de una reunión Uno a Uno 30

Capitulo 6: Compendio de preguntas 37

Capitulo 7: Cadencia y duración óptimas de las reuniones Uno a Uno 61

Capitulo 8: Obstáculos comunes y cómo superarlos 73

Capitulo 9: Lugares y Formatos para Realizar Reuniones Uno a Uno 89

Capitulo 10: Rompiendo con la monotonía de las reuniones Uno a Uno 95

Capitulo 11: Los Uno a Uno con "Salto de Nivel" 100

Capitulo 12: Herramientas para optimizar los Uno a Uno.104

Capitulo 13: Escenarios inspirados en lideres influyentes. 116

Capitulo 14: Conclusiones 125

Acerca del autor 128

Prólogo

Cuando era niño, recuerdo a un profesor que alardeaba ser el más difícil y estricto de todos. Se deleitaba diciendo que el 75% de su clase fracasaba. Para mí, era angustiante saber que la mayoría de mis compañeros sufrían esperando ese momento cuando entraba al aula.

Desde entonces, supe que quería ser educador, pero también me prometí que sería la antítesis de ese maestro. Me preparé durante toda mi vida para ser un verdadero educador, alguien que no solo enseñara, sino que creara un ambiente en el que la curiosidad pudiera florecer, y el proceso de aprendizaje se facilitara. Con el tiempo, llegué a una conclusión clara: no eran los alumnos quienes fracasaban, sino el maestro. Porque su deber no era solo enseñar, sino inspirar y guiar a sus estudiantes hacia el éxito. A ese profesor le digo, "donde quiera que estés, **tú fracasaste**".

Ahora, como entrenador en el mundo corporativo, he aprendido que lo mismo aplica al liderazgo. Me di cuenta de que no hay equipos malos, solo malos líderes. El departamento de recursos humanos hace su trabajo: selecciona, filtra y contrata a personas con potencial. Pero si los miembros de un equipo fallan en ejecutar correctamente su trabajo, el verdadero fracaso es del líder. Es el líder quien debe asegurarse de que cada miembro del equipo "pase" con una "A+" la prueba de la vida, esa prueba que pone los frijoles en la mesa.

La herramienta más poderosa que un líder tiene para conectar con sus colaboradores, guiarlos, y crear el ambiente adecuado para superar esos retos es el **Uno a Uno**.

Este libro es el manual que siempre necesité y nunca tuve. Es un recurso que todo líder debe tener a mano, una guía de referencia diaria que, como la Biblia en las mesitas de noche de los hoteles, debería estar en cada oficina y espacio de trabajo.

Los capítulos de este libro son variados. Algunos están diseñados para ser consultados justo antes y durante tus reuniones Uno a Uno. Otros tienen como objetivo transmitir conceptos clave que debes internalizar como líder. Y finalmente, hay otros capítulos están ahí para que los leas una sola vez y regreses a ellos cuando te enfrentes a situaciones específicas. Por eso este libro es más que un simple manual; es una **guía de campo**.

Más que invitarte a disfrutar de este libro, te invito a **usarlo**. Úsalo como una herramienta para elevar tu nivel de liderazgo y mejorar la gestión de tus equipos. Aquí encontrarás las respuestas y el apoyo que necesitas para guiar a tu equipo hacia el éxito.

CAPITULO 1

¿Qué son las reuniones Uno a Uno?

En su forma más básica, una **reunión Uno a Uno** (1:1) es una conversación entre dos personas. Generalmente, estas reuniones ocurren entre un líder y uno de sus reportes directos, empleados o colaboradores. Sin embargo, también pueden realizarse entre empleados, entre un empleado y su mentor o coach, o incluso entre líderes.

El enfoque principal de esta obra son las reuniones Uno a Uno entre un líder y sus reportes directos, aunque estas reuniones pueden tener diversos nombres según el contexto y la cultura organizacional. Algunos de los términos más comunes son:

- **Reuniones individuales** o one-on-one meetings.
- **Revisiones periódicas** o check-ins.
- **Sesiones de retroalimentación** o feedback
- **Reuniones de alineación** o alignment meetings.
- **Reuniones de seguimiento** o follow up meetings.

- **Reuniones de coaching** o mentoring sessions.
- **Conversaciones de desarrollo** o development conversations.
- **Reuniones de progreso** o progress meetings.

A pesar de la variación en los nombres, todas estas reuniones tienen un objetivo común: conectar y fortalecer la relación entre el líder y su colaborador, asegurando el alineamiento de los objetivos y fomentando el desarrollo continuo.

El propósito de las reuniones Uno a Uno

El propósito principal de estas reuniones es **apoyar al colaborador** o empleado. Aunque la planificación de cada reunión debe adaptarse a las necesidades específicas del colaborador, todas deben estar centradas en el apoyo y la colaboración, con el fin de que ambos obtengan el máximo beneficio de la interacción.

En resumen, una reunión Uno a Uno es un **espacio de diálogo individual** entre un líder y su colaborador, diseñado con el propósito de guiar y apoyar al empleado en su crecimiento y desarrollo profesional. No es un momento para regañar, señalar errores o criticar de manera negativa. Por el contrario, su enfoque debe estar en **escuchar**, proporcionar **retroalimentación constructiva** y crear un entorno de **confianza** donde el colaborador pueda discutir sus **metas**, **desafíos** y **necesidades**.

En pocas palabras, es una conversación destinada a **fortalecer la relación** y a ayudar al empleado a **superar obstáculos**, no un juicio ni una "corte marcial."

Ejemplo: Durante una reunión Uno a Uno, un líder puede preguntar al colaborador sobre los avances en sus proyectos, escuchar sus inquietudes sobre un nuevo desafío, y juntos explorar maneras en que el líder puede apoyar el desarrollo de nuevas habilidades o superar obstáculos actuales.

CAPITULO 2

¿Por qué y para qué ejecutar las reuniones Uno a Uno?

Las reuniones Uno a Uno ofrecen múltiples beneficios, como veremos a continuación, pero su objetivo principal es fortalecer la relación entre el líder y el empleado. El centro de estas reuniones es el empleado, no el líder, y esto nunca debe perderse de vista.

Importancia de las reuniones Uno a Uno

Estas reuniones son un elemento "no negociable" para cualquier persona que aspire a ser un verdadero líder. Aquellos que no las llevan a cabo probablemente no han avanzado más allá de la jefatura y no evolucionarán hacia el liderazgo hasta que comiencen a implementarlas. A veces, la razón para no ejecutarlas es la falta de conocimiento o comprensión, siendo esto uno de los motivos por los que he escrito este libro. Otra razón, menos positiva, es la indiferencia hacia el progreso y bienestar de las personas y la empresa. En ese caso, no se debería considerar a esa persona como un líder.

Si has llegado hasta aquí, ¡felicidades! Es evidente que deseas elevar tu nivel de liderazgo aprendiendo esta práctica o perfeccionando lo que ya conoces de manera empírica.

Objetivos clave de las reuniones Uno a Uno

Aunque los resultados específicos de una reunión Uno a Uno pueden variar según el contexto, hay elementos clave que deben alcanzarse para que sean efectivas y valiosas tanto para el líder como para el empleado:

1. Conexión personal y fomento de confianza

- Objetivo: Crear y fortalecer la relación entre el líder y el empleado.
- Resultado esperado: El empleado debe salir de la reunión sintiéndose escuchado, valorado y con mayor confianza en su líder. Las reuniones Uno a Uno permiten conectar más allá de las tareas diarias y establecer una relación basada en la confianza y el respeto mutuo.

2. Claridad en los objetivos y prioridades

- Objetivo: Asegurar que el empleado tenga una comprensión clara de sus responsabilidades actuales, metas a corto y largo plazo, y las prioridades en su trabajo.
- Resultado esperado: El empleado debe salir con claridad sobre lo que debe lograr, las expectativas de

su líder y cómo sus tareas se alinean con los objetivos de la organización.

3. Retroalimentación constructiva y desarrollo

- Objetivo: Proporcionar retroalimentación honesta y constructiva, tanto positiva como correctiva, que ayude al empleado a mejorar su desempeño y desarrollo profesional.
- Resultado esperado: El empleado debe tener una idea clara de lo que está haciendo bien y en qué áreas puede mejorar, con un plan de acción concreto.

4. Identificación y resolución de problemas

- Objetivo: Detectar y abordar cualquier obstáculo o problema que el empleado esté enfrentando en su trabajo o equipo.
- Resultado esperado: La reunión debe facilitar la resolución proactiva de problemas, discutiendo barreras y proponiendo soluciones.

5. Apoyo y empoderamiento

- Objetivo: Proporcionar al empleado el apoyo y los recursos necesarios para tener éxito, además de empoderarlo para tomar decisiones y avanzar en su rol.
- Resultado esperado: El empleado debe sentir que tiene el respaldo necesario para cumplir con sus

responsabilidades y la autonomía para tomar decisiones.

6. Desarrollo profesional y crecimiento

- Objetivo: Discutir las oportunidades de desarrollo del empleado y cómo puede crecer dentro de la empresa.
- Resultado esperado: El empleado debe salir con un plan claro de desarrollo profesional y un entendimiento de las habilidades que necesita mejorar.

7. Alineación con la visión y valores de la empresa

- Objetivo: Asegurar que el empleado esté alineado con la visión, misión y valores de la organización.
- Resultado esperado: El empleado debe sentirse conectado con el propósito general de la empresa y comprender cómo su trabajo contribuye a ese propósito.

8. Evaluación del bienestar del empleado

- Objetivo: Evaluar el bienestar del empleado, incluyendo su satisfacción en el trabajo y equilibrio entre vida laboral y personal.
- Resultado esperado: El empleado debe sentirse cómodo al discutir su bienestar, y el líder debe mostrar empatía y disposición para ajustar las condiciones si es necesario.

9. Seguimiento

- Objetivo: Asegurar que haya un seguimiento claro sobre los temas discutidos y que ambas partes se comprometan a tomar acciones específicas.

- Resultado esperado: Ambas partes deben salir de la reunión con tareas y plazos claros para continuar avanzando en los temas tratados.

10. Fomento de la comunicación abierta

- Objetivo: Crear un espacio para que el empleado se sienta cómodo compartiendo preocupaciones o ideas, incluso aquellas no relacionadas directamente con su desempeño.

- Resultado esperado: El empleado debe sentirse seguro de que puede expresar cualquier comentario sin temor a represalias, fomentando una cultura de transparencia.

Conclusión

Las reuniones Uno a Uno son una herramienta esencial para fortalecer las relaciones laborales y asegurar el crecimiento tanto del empleado como de la organización. Siguiendo los objetivos y prácticas detallados, puedes maximizar el impacto de estas reuniones y contribuir al éxito colectivo.

¿Por qué ejecutarlas?

Las reuniones Uno a Uno (1:1) son ampliamente reconocidas como una herramienta fundamental para la gestión y el liderazgo. Existen múltiples estudios y estadísticas que demuestran sus beneficios para la productividad, la moral de los empleados y la comunicación organizacional. A continuación, presentamos algunas de las estadísticas más relevantes que refuerzan la necesidad de ejecutar estas reuniones y convertirlas en una parte central de tu arsenal de liderazgo:

1. Aumento de la productividad y satisfacción

- **Estadística:** Un estudio de Gallup encontró que los empleados que se reunien regularmente con sus gerentes tienen tres veces más probabilidades de estar comprometidos con su trabajo, en comparación con aquellos que no tienen reuniones regulares.
- **Conclusión:** Las reuniones frecuentes fortalecen la conexión entre el líder y el empleado, lo que incrementa la productividad y el compromiso del equipo.

2. Mejor comunicación y resolución de problemas

- **Estadística:** Un estudio de la Harvard Business School reveló que las reuniones Uno a Uno efectivas ayudan a mejorar la calidad de las decisiones en un 70% de los casos, ya que permiten a los empleados abordar temas críticos antes de que se conviertan en problemas mayores.

- **Conclusión:** Estas reuniones crean un espacio seguro para discutir problemas, lo que mejora la toma de decisiones y resuelve los conflictos antes de que se agraven.

3. Mejora en la retención de empleados

- **Estadística:** De acuerdo con un informe de LinkedIn, los empleados que tienen reuniones regulares con sus gerentes son 67% más propensos a quedarse en la empresa a largo plazo.

- **Conclusión:** La retención de talento se ve beneficiada cuando los empleados sienten que sus líderes se preocupan por su desarrollo y bienestar a través de interacciones frecuentes.

4. Desarrollo profesional

- **Estadística:** Un estudio realizado por The Predictive Index indicó que el 72% de los empleados sienten que las reuniones Uno a Uno bien estructuradas les ayudan a comprender mejor sus metas y expectativas, lo que mejora su desempeño.

- **Conclusión:** Las reuniones Uno a Uno permiten que el líder y el empleado aclaren expectativas y desarrollen planes de acción personalizados, promoviendo el crecimiento profesional.

5. Beneficios para la moral y la cultura organizacional

- **Estadística:** Un informe de Workplace Trends muestra que las reuniones Uno a Uno son una de las principales razones por las cuales los empleados reportan una mayor satisfacción laboral. El 89% de los empleados que tienen reuniones regulares con su jefe informan sentirse más conectados con la visión y los valores de la empresa.

- **Conclusión:** Estas reuniones fomentan una mayor alineación con los valores de la empresa, lo que mejora la cultura organizacional y la moral del equipo.

6. Aumento de la colaboración y confianza

- **Estadística:** Officevibe encontró que las reuniones Uno a Uno que permiten conversaciones abiertas y honestas fomentan un aumento del 85% en la confianza entre los empleados y sus gerentes, mejorando las relaciones interpersonales en la empresa.

- **Conclusión:** Crear un ambiente de diálogo transparente en las reuniones mejora las relaciones laborales y la colaboración entre equipos.

7. Mejora en la adaptación y rendimiento de nuevos empleados

- **Estadística:** Según un informe de BambooHR, los nuevos empleados que tienen reuniones Uno a Uno regulares durante su período de incorporación tienen un 58% más de probabilidades de comprender sus funciones y responsabilidades dentro de los primeros tres meses.

- **Conclusión:** Estas reuniones aceleran la adaptación de los nuevos empleados, permitiendo que maximicen su rendimiento desde una etapa temprana, lo que beneficia tanto al empleado como al equipo.

8. Personalización y desarrollo profesional

- **Estadística:** Glint descubrió que los empleados que tienen reuniones personalizadas para discutir su desarrollo profesional tienen un 42% más de probabilidades de permanecer en la empresa y buscar oportunidades internas de crecimiento.

- **Conclusión:** Las reuniones Uno a Uno permiten personalizar el enfoque en el desarrollo profesional del empleado, incrementando su lealtad y fomentando la retención de talento clave.

9. Prevención de conflictos y mejora del clima laboral

- **Estadística:** Un informe de la Society for Human Resource Management (SHRM) indica que las reuniones regulares entre empleados y gerentes ayudan a identificar y abordar posibles conflictos en sus primeras etapas. Las empresas que implementan reuniones Uno a Uno reducen los conflictos internos en un 23%.

- **Conclusión:** Al proporcionar un espacio regular para la comunicación abierta, estas reuniones ayudan a prevenir y resolver conflictos antes de que se conviertan en problemas mayores, mejorando el clima laboral.

10. Impacto en el liderazgo y la cultura organizacional

- **Estadística:** Google implementó su famoso modelo de liderazgo "Project Oxygen", donde uno de los pilares clave es la realización de reuniones Uno a Uno frecuentes y de alta calidad. Los resultados mostraron una mejora significativa en la satisfacción de los empleados y un aumento en la productividad del equipo.

- **Conclusión:** Las reuniones Uno a Uno no solo benefician la relación entre empleados y gerentes, sino que también son esenciales para crear una cultura organizacional positiva y un liderazgo efectivo.

11. Impacto en la innovación

- **Estadística:** Un estudio de Harvard Business Review encontró que las reuniones Uno a Uno permiten a los empleados proponer nuevas ideas y soluciones. Las empresas que fomentan la creatividad a través de estas reuniones reportan un 35% más de innovación en comparación con aquellas que no las utilizan.

- **Conclusión:** Al ofrecer un espacio seguro para la discusión de ideas, las reuniones Uno a Uno promueven un ambiente de innovación constante, lo que impulsa la mejora continua en la organización.

12. Retroalimentación constante para mejorar el desempeño

- **Estadística:** Según una investigación de Gallup, las empresas que ofrecen retroalimentación continua a través de reuniones Uno a Uno reportan una mejora del 12.5% en la productividad de sus empleados, en comparación con aquellas que no ofrecen este tipo de retroalimentación.

- **Conclusión:** La retroalimentación regular y constructiva es clave para mejorar el desempeño de los empleados y asegurar que se mantengan enfocados en sus metas y responsabilidades.

13. Alineación estratégica

- **Estadística:** Un informe de Deloitte mostró que las reuniones Uno a Uno permiten que los empleados se alineen mejor con los objetivos estratégicos de la empresa. Aquellos que discuten regularmente sus metas y objetivos con sus gerentes tienen un 70% más de probabilidad de entender cómo su trabajo contribuye al éxito general de la organización.

- **Conclusión:** Las reuniones Uno a Uno aseguran que los empleados comprendan su papel dentro de la empresa, alineando sus esfuerzos con los objetivos estratégicos de la organización.

14. Mejora en el bienestar del empleado

- **Estadística:** Las encuestas de Officevibe muestran que las reuniones Uno a Uno regulares ayudan a mejorar el bienestar emocional de los empleados. Un 85% de los empleados que tienen reuniones periódicas con sus gerentes reportan niveles más bajos de ansiedad relacionada con el trabajo y una mejor sensación de bienestar general.

- **Conclusión:** Estas reuniones no solo son útiles para el desarrollo profesional, sino que también juegan un papel crucial en el bienestar emocional de los empleados, creando un entorno más saludable y productivo.

Conclusión

Las reuniones Uno a Uno no solo benefician a los empleados, sino que también contribuyen al éxito organizacional en general. A través de estadísticas claras y estudios de investigación, es evidente que estas reuniones aumentan la productividad, la retención, la satisfacción y el bienestar de los empleados, al mismo tiempo que fortalecen las habilidades de liderazgo y fomentan una cultura de confianza y colaboración. Cuando se estructuran y ejecutan adecuadamente, las reuniones Uno a Uno pueden ser una herramienta poderosa para mejorar el desempeño individual y colectivo dentro de cualquier organización.

CAPITULO 3

Preparación para una reunión Uno a Uno

Una manera segura de arruinar una reunión Uno a Uno es no estar preparado: improvisar, llegar sin objetivos ni una agenda definida, como un barco a la deriva.

Es fundamental diseñar estas reuniones con un propósito claro o "con el fin en mente", como se menciona en el capítulo anterior, donde se explican los objetivos que se deben alcanzar en una reunión Uno a Uno. Cuando hablamos de "tener el fin en mente", nos referimos a planificar la reunión pensando en cómo queremos que se sienta el empleado al final de la misma. Estas reuniones deben concluir con una sensación positiva, siendo valiosas primero para el empleado y luego para el líder.

A continuación, se presentan los pasos clave para la preparación de una reunión Uno a Uno exitosa:

1. Establecer una cadencia o cronograma recurrente: a esto se dedicará un capítulo más adelante.

2. Elegir una ubicación adecuada: también se explorará en un capítulo específico.

3. Crear una agenda colaborativa: esto se discutirá en el siguiente capítulo. Lo ideal es que la agenda sea creada conjuntamente entre el líder y el empleado.

No existe una fórmula mágica para preparar la agenda de una reunión Uno a Uno; esto depende del contexto y las circunstancias. Sin embargo, este libro te proporcionará herramientas para desarrollar criterios que te permitirán adaptarte a diferentes variables. Piensa en este libro como un recetario, donde tú eres el chef que, con tu "savoir-faire", crearás el resultado mágico que buscamos: transformar de forma positiva a personas, equipos y empresas.

Al igual que se necesitan dos personas para jugar tenis, también se requieren dos para tener un Uno a Uno exitoso. Por eso, este libro debe ser leído tanto por líderes como por empleados, y utilizado como una guía de campo antes de cada reunión para establecer los objetivos y preparar la agenda.

¿Cómo se prepara el líder?

Para que un líder se prepare adecuadamente para una reunión Uno a Uno, debe seguir un enfoque estructurado, combinando preparación previa y una actitud abierta a la conversación. A continuación se ofrece una guía que te servirá de referencia:

1. Revisión previa del desempeño y los objetivos

- Revisar el progreso de las metas acordadas: consulta los proyectos y metas discutidos en reuniones anteriores y analiza si se han alcanzado o si es necesario ajustar las expectativas.

- Revisar el historial de reuniones anteriores: tener notas de reuniones previas permite dar seguimiento a puntos importantes y demostrar al colaborador que valoras su progreso.

- Evaluar el desempeño reciente: identifica logros, desafíos o áreas de mejora que puedas discutir con el empleado.

2. Definir los temas clave a tratar

- Planificar los puntos a discutir: haz una lista de los desafíos actuales, necesidades de recursos, retroalimentación o cualquier otro tema relevante.

- Pensar en el desarrollo del colaborador: reflexiona sobre oportunidades de crecimiento, entrenamiento o coaching que puedas ofrecer.

- Considerar el bienestar del colaborador: prepárate para preguntar sobre la satisfacción laboral, motivación y posibles tensiones personales que puedan estar afectando el rendimiento.

3. Mantener un enfoque en el colaborador

- Escucha activa: Prepárate para hacer preguntas abiertas y escucha sin interrupciones. La reunión debe centrarse en el colaborador.

- Fomentar feedback bidireccional: además de dar retroalimentación, permite que el colaborador también te dé feedback sobre tu liderazgo o sobre el equipo.

4. Preparar soluciones y recursos

- Ofrecer soluciones y recursos: si anticipas problemas o solicitudes de ayuda, prepárate con posibles soluciones, herramientas o sugerencias.

- Proveer opciones de desarrollo profesional: si el colaborador busca crecer, estar listo para discutir oportunidades de capacitación, mentoring o nuevos proyectos.

5. Establecer un ambiente adecuado

- Elegir el lugar y momento correctos: si la reunión es presencial, busca un lugar tranquilo donde puedan conversar sin interrupciones. Si es virtual, asegúrate de tener una conexión estable.

- Preparar tu mente: deja a un lado tus preocupaciones y tareas pendientes para enfocarte completamente en la conversación.

6. Ser flexible

- No limitarse a una agenda rígida: aunque tener un plan es útil, mantén flexibilidad si surgen temas importantes para el colaborador. La agenda del colaborador tiene prioridad sobre la del Líder.

- Mantener una actitud abierta: prepárate para escuchar desafíos o ideas que no habías anticipado.

7. Preguntas clave para considerar

- ¿Cómo te sientes en tu rol actual?
- ¿Qué obstáculos enfrentas en tus proyectos?
- ¿En qué puedo apoyarte mejor?
- ¿Qué áreas de crecimiento te gustaría explorar?

Una buena preparación no solo mejora la calidad de la reunión, sino que también fortalece la relación de confianza entre el líder y el colaborador. En los siguientes capítulos exploraremos preguntas abiertas que fomentan conversaciones profundas.

¿Cómo se prepara el liderado?

Un empleado también debe llegar preparado a una reunión Uno a Uno, con una mentalidad proactiva y clara sobre lo que espera de la conversación. La empresa debe facilitar este libro de reuniones 1:1 a cada colaborador, no solo para prepararlo para las reuniones con su líder, sino para iniciar su formación cómo futuro líder. Aquí te dejo una guía para que los empleados aprovechen al máximo estas reuniones:

1. Revisión del progreso y logros recientes

- Revisar las metas y objetivos: evalúa tu progreso en las metas discutidas previamente.

- Documentar logros: lleva una lista de tareas importantes que has completado, destacando métricas o resultados que demuestren tu impacto.

- Reflexionar sobre desafíos: identifica los problemas que has enfrentado y cómo los has resuelto.

2. Identificación de temas clave a tratar

- Definir los temas importantes: haz una lista de dudas, obstáculos o nuevos proyectos que quieras discutir.

- Preparar preguntas: si tienes dudas sobre el trabajo o el equipo, lleva preguntas claras. También puedes preguntar sobre oportunidades de crecimiento.

- Identificar áreas de retroalimentación: prepárate para pedir feedback o validación sobre tu desempeño.

3. Reflexión sobre tu desarrollo personal

- Evaluar tu crecimiento: reflexiona sobre tus habilidades y cómo te gustaría mejorar.

- Pensar en aspiraciones a largo plazo: si tienes objetivos profesionales a largo plazo, discútelos con tu líder para alinearlos con las oportunidades en la empresa.

4. Recopilación de feedback para tu líder

- Ofrecer retroalimentación constructiva: si tienes sugerencias sobre la dinámica de trabajo, exprésalas con respeto y claridad.

- Dar reconocimiento: si tu líder te ha apoyado bien, también es importante destacarlo.

5. Reflexión sobre el equipo y la empresa

- Evaluar la dinámica del equipo: piensa en qué aspectos funcionan bien y cuáles podrían mejorar.

- Alineación con los objetivos de la empresa: aprovecha la reunión para comprender mejor cómo tu trabajo se alinea con los objetivos de la organización.

6. Establecer un plan para la reunión

- Priorizar los temas: elige los puntos más importantes y sé específico al abordarlos.

- Ser claro y directo: cuanto más específico seas, más fácil será para tu líder darte respuestas concretas.

7. Tener una actitud abierta y receptiva

- Estar preparado para recibir feedback: las reuniones Uno a Uno también son oportunidades para recibir retroalimentación constructiva.

- Ser flexible: ajusta la conversación según los temas que tu líder quiera abordar.

8. Establecer metas para el futuro

- Traza planes de acción: discute los próximos pasos y metas para garantizar que ambas partes estén alineadas.

9. Preguntas que podrías hacer

- ¿Cómo evalúas mi rendimiento reciente?
- ¿En qué áreas crees que debería enfocarme más?
- ¿Qué oportunidades ves para mi desarrollo?

Conclusión

Prepararse adecuadamente para una reunión Uno a Uno, tanto para líderes como para empleados, asegura que la conversación sea productiva, permita discutir temas importantes y fortalezca la relación entre ambos.

CAPITULO 4

La agenda o estructura de una reunión Uno a Uno

Antes de entrar en el meollo del asunto, es importante destacar que brindaremos un modelo de estructura que servirá como referencia para facilitar la programación de los 1:1. Sin embargo, se debe evitar la rigidez en la estructura y estar dispuestos a flexibilizarla según las circunstancias u objetivos prioritarios del momento. De lo contrario, las reuniones podrían volverse monótonas y frías, en lugar de orgánicas y capaces de generar valor por sí mismas.

Aunque la agenda incluye elementos relacionados con la actualización de estados, como la revisión de progreso y metas, es crucial no caer en el error de limitarse a este tipo de conversaciones. Si las reuniones se centran únicamente en actualizaciones de estado, se impide abordar temas más profundos, como objetivos a largo plazo, desarrollo del empleado, planificación de carrera o resolución de problemas, lo que despoja a estas reuniones de su esencia.

Este error convierte las reuniones en transacciones, en lugar de oportunidades de desarrollo. Esto significa perder la oportunidad de construir relaciones, desarrollar confianza, ofrecer retroalimentación significativa y discutir temas estratégicos.

Plantilla de Agenda para Reuniones Uno a Uno

Duración sugerida: 30 minutos a una hora

1. Inicio de la reunión (5 minutos)

Objetivo: romper el hielo y crear un ambiente cómodo y abierto para la conversación.

Preguntas clave:

- "¿Cómo van las cosas fuera del trabajo?"
- "En una escala del 1 al 10, ¿cómo evaluarías tu experiencia en [nombre de la empresa]?"

2. Revisión del progreso y metas (10 minutos)

Objetivo: evaluar el progreso hacia los objetivos establecidos previamente y discutir avances o áreas de mejora. Es importante no quedarse demasiado tiempo en este punto.

Puntos a cubrir:

- Revisión de las tareas asignadas o metas discutidas en la reunión anterior.
- Evaluar si se han cumplido los plazos y objetivos.

- Identificar obstáculos que hayan impedido el progreso.

Preguntas clave:

- "¿Cómo va tu progreso respecto a las metas que establecimos la última vez?"
- "¿Hay algo que te esté impidiendo avanzar?"
- "¿En qué puedo apoyarte desde mi rol?"

3. Identificación de problemas o desafíos (10 minutos)

Objetivo: proporcionar un espacio para que el empleado comparta cualquier desafío o barrera que esté enfrentando.

Puntos a cubrir:

- Discusión de problemas específicos (proyectos, relaciones dentro del equipo, herramientas, etc.).
- Colaborar en soluciones o enfoques alternativos.

Preguntas clave:

- "¿Qué desafíos has enfrentado en las últimas semanas?"
- "¿Cómo puedo apoyarte mejor para superar estos obstáculos?"

4. Desarrollo y crecimiento profesional (10 minutos)

Objetivo: identificar oportunidades de desarrollo profesional y discutir el plan de carrera del empleado.

Puntos a cubrir:

- Conversar sobre habilidades que el empleado quiere mejorar o adquirir.
- Explorar oportunidades de formación, mentoría o asignación de nuevos proyectos.

Preguntas clave:

- "¿Qué habilidades te gustaría desarrollar en el futuro cercano?"
- "¿Cómo puedo apoyarte en tu avance profesional dentro de la empresa?"

5. Bienestar y satisfacción (5 minutos)

Objetivo: evaluar el bienestar general del empleado tanto a nivel personal como profesional.

Puntos a cubrir:

- Revisar el equilibrio entre la vida personal y el trabajo.
- Detectar signos de agotamiento o estrés.

Preguntas clave:

- "¿Cómo te sientes en cuanto al equilibrio entre tu vida personal y tu trabajo?"

- "¿Hay algo que podamos ajustar para mejorar tu bienestar?"

6. Resumen y próximos pasos (5 minutos)

Objetivo: acordar los compromisos y tareas a abordar antes de la próxima reunión.

Puntos a cubrir:

- Revisión de los acuerdos alcanzados.
- Asegurarse de que ambas partes estén claras sobre los próximos pasos y los plazos.

Preguntas clave:

- "¿Qué hemos acordado que vas a hacer antes de nuestra próxima reunión?"
- "¿Qué puedo hacer para apoyarte mejor hasta que nos volvamos a reunir?"

7. Cierre (2 minutos)

Objetivo: terminar la reunión de manera positiva y proactiva.

Preguntas clave:

- "¿Hay algo más que te gustaría discutir antes de finalizar?"
- "¿Sientes que esta reunión fue útil?"

Consejos para el uso de la plantilla:

1. **Flexibilidad:** aunque esta agenda es estructurada, es importante ser flexible y ajustarla según las necesidades del empleado.

2. **Preparación anticipada:** tanto el líder como el empleado deben llegar preparados a la reunión. Invita al empleado a agregar puntos a la agenda antes del encuentro. Los estudios muestran que las agendas colaborativas ofrecen mejores resultados.

3. **Documentación:** mantén un registro escrito de las reuniones para hacer un seguimiento claro de los acuerdos y progresos.

Esta estructura te ayudará a que las reuniones Uno a Uno sean productivas, enfocadas en soluciones y contribuyan a construir una relación sólida y colaborativa entre líder y empleado.

En los próximos capítulos explicaremos cómo incorporar variaciones en la receta para mantener la dinámica fresca y evitar la monotonía con el tiempo.

CAPITULO 5

Las minutas de una reunión Uno a Uno

Las minutas o notas tomadas durante una reunión Uno a Uno son una herramienta crucial para garantizar la efectividad de estos encuentros. No se trata solo de registrar lo que se discutió, sino de documentar el progreso, los compromisos adquiridos y crear un recurso que sirva como referencia para futuros seguimientos. Una buena minuta no solo refuerza la responsabilidad de ambas partes, sino que también promueve la transparencia y la claridad en las acciones que deben realizarse después de cada reunión.

Uno de los mayores desafíos en las reuniones Uno a Uno es mantener el enfoque en los objetivos y resultados deseados, evitando que las conversaciones se desvíen o que los compromisos se pierdan en la rutina diaria. Aquí es donde las minutas juegan un papel esencial: proporcionan una guía clara para el seguimiento y aseguran que tanto el líder como el empleado estén alineados con los próximos pasos.

Además, las minutas y su resumen ofrecen un historial de progreso. Al revisar notas de reuniones anteriores, es fácil ver cómo se ha avanzado hacia los objetivos, cuáles han sido los obstáculos más comunes y si es necesario ajustar el enfoque.

Esto permite que las reuniones futuras sean más productivas, ya que las decisiones y metas anteriores están siempre disponibles para consulta.

¿Quién debe escribir las minutas y elaborar el resumen?

Esta es una pregunta frecuente en las capacitaciones que imparto en diversas empresas. Lo natural parecería ser que las minutas las escriba el líder que dirige la reunión. Sin embargo, si un líder tiene diez reportes directos, le tocaría escribir diez minutas. Por otro lado, si las minutas las escribe el liderado, que por lo general tiene un solo líder al que reporta, la carga de trabajo es significativamente menor.

Por esta razón, recomendamos que el liderado sea quien se encargue de escribir las minutas principales. No obstante, el líder debe estar preparado para tomar sus propias notas privadas sobre la reunión para su uso exclusivo.

Herramientas para la toma de minutas

Desde un punto de vista práctico, usar una laptop para tomar las minutas parece ser la opción más eficiente. Sin embargo, desde el punto de vista de la intimidad, la pantalla de la computadora puede crear una barrera física entre el líder y el empleado, lo cual puede ser contraproducente. Para resolver este obstáculo, una alternativa es tomar las minutas en un formulario impreso, lo cual crea un ambiente más íntimo y relajado.

Al finalizar la reunión, se puede tomar una fotografía del formulario con un smartphone utilizando una aplicación como Evernote, que no solo permite digitalizar y transcribir automáticamente el texto manuscrito, sino que, al usar una carpeta compartida en la aplicación, el líder tendría acceso inmediato a las minutas. Evernote también guarda el historial y la secuencia de todas las reuniones, lo que facilita el seguimiento y la consulta futura.

Al final, no importa como lo hagas, siempre y cuando lo hagas. Lo importante es tener el registro histórico para evidenciar el progreso.

Flexibilidad en la toma de minutas

Este libro es un "recetario" que te permite mezclar ingredientes para lograr el resultado que deseas según la situación. Nada de esto está escrito en piedra, por lo que debes ser flexible en la manera de aplicar estos conceptos.

Casos especiales: empleados que no saben leer o escribir

Al momento de escribir este libro, tengo dos clientes, una cadena de restaurantes y una empresa europea de reforestación, que cuentan con empleados que no saben leer o escribir. En estos casos, es importante ser empático, y el líder debe encargarse de tomar las minutas.

En el caso de un empleado con poca escolaridad, el líder puede asistirlo en la elaboración de las minutas, contribuyendo así a su desarrollo personal, hasta que eventualmente pueda gestionarlas de manera independiente.

Estructura de las minutas

En este capítulo exploraremos cómo estructurar las minutas para capturar lo más importante de cada reunión. También discutiremos formatos para documentarlas y cómo utilizarlas de manera efectiva para hacer un seguimiento del desempeño y desarrollo del empleado. Aprenderás a transformar las minutas en una herramienta estratégica para potenciar el crecimiento y la colaboración dentro de tu equipo.

Sugerencias para mejorar el uso de minutas

1. Claridad y concisión: asegúrate de que las minutas sean claras, concisas y se centren en los puntos clave discutidos.

2. Responsabilidad: las minutas deben detallar claramente los compromisos asumidos por ambas partes, con fechas límite cuando sea necesario.

3. Seguimiento: revisa regularmente las minutas de reuniones anteriores para garantizar que los compromisos se estén cumpliendo.

4. Compartir las minutas: las minutas y el resumen deben compartirse instantáneamente o poco tiempo después de la reunión, para que ambos tengan claro lo acordado y puedan actuar sobre las mismas.

5. Formato de minutas y resumen: considera usar un formato estandarizado y simple para que sea más fácil de seguir y utilizar a largo plazo.

A continuación comparto un ejemplo de formato que resume la reunión Uno a Uno. Este resumen se extrae de las minutas o notas tomadas durante la reunión.

Resumen Reunión Uno a Uno	
Datos básicos de la reunión	Fecha: Liderado: Líder: Duración:
Resumen de reunión:	
Metas y acciones acordadas - Cada una con fecha de cumplimiento.	M&A Liderado: M&A Líder:
Seguimiento de metas anteriores:	Progreso: Pendientes:
Retroalimentación	Feedback positivo: Áreas de mejora:
Desarrollo y crecimiento profesional	Oportunidades de formación y oportunidades a seguir:
Identificación de problemas o desafíos	Problemas identificados: Acciones correctivas:
Bienestar y satisfacción	
Misceláneos	

Conclusión

Las minutas y el resumen de una reunión Uno a Uno son mucho más que simples notas. Son una herramienta estratégica que permite asegurar el seguimiento adecuado de las acciones acordadas, promover la transparencia y fortalecer la relación entre el líder y el empleado. Tomar minutas claras y estructuradas no solo facilita el cumplimiento de los compromisos, sino que también fomenta un ambiente de responsabilidad mutua y colaboración.

Además, el uso de herramientas adecuadas para la documentación y seguimiento, como aplicaciones digitales o formatos impresos, ofrece flexibilidad y adaptabilidad según las necesidades del equipo. Mantener un registro de los avances, los obstáculos y las oportunidades de desarrollo permite que las reuniones Uno a Uno se conviertan en un espacio de crecimiento continuo, en el que cada sesión es una oportunidad para avanzar hacia los objetivos individuales y organizacionales.

Finalmente, ya sea que el empleado lleve las minutas o que el líder apoye en su elaboración, la clave está en usar este recurso de manera efectiva para alinear expectativas, resolver problemas, y garantizar que el progreso sea visible y constante. Un buen uso de las minutas asegura que cada reunión tenga un propósito claro y un impacto duradero en el desarrollo de los empleados y en el éxito del equipo.

CAPITULO 6

Compendio de preguntas

Introducción

Las reuniones Uno a Uno son una oportunidad valiosa para generar un diálogo abierto y productivo entre el líder y el liderado. Dentro de este espacio, las preguntas juegan un papel fundamental para guiar la conversación, explorar desafíos y oportunidades, y fomentar el crecimiento profesional. Es importante tener en cuenta que existen preguntas que puede hacer el líder, otras que son más adecuadas para que el liderado las plantee, y también hay preguntas que NO deben hacerse, ya que pueden desviar el enfoque o crear un ambiente contraproducente.

Además, en estas reuniones, el equilibrio en la conversación es clave. El líder debe recordar que su rol no es monopolizar la conversación, sino guiarla. Lo ideal es que el líder hable entre un 10% y un 50% del tiempo, mientras que el liderado debe ser quien mayormente participe. Esto asegura que el empleado tenga espacio para expresar sus ideas, inquietudes y metas, y que el líder pueda escuchar activamente para brindar el apoyo adecuado.

Este libro es tuyo, dale vida propia aprovechando esta lista de preguntas. Te animo a marcar con un asterisco las preguntas que más te gusten y, luego, cuando las uses, ponles un gancho para no repetirlas demasiado y evitar la monotonía. También te dejaré un espacio al final para que escribas tus propias preguntas, las cuales seguramente se te ocurrirán mientras profundizas en este libro.

A lo largo de este capítulo, exploraremos un compendio de preguntas útiles para ambas partes, así como ejemplos de preguntas que deben evitarse para garantizar que las reuniones Uno a Uno sean productivas, colaborativas y orientadas al crecimiento.

Preguntas del Líder al Liderado

Aquí tienes una lista de preguntas bien pensadas que un líder puede hacer a su liderado durante una reunión uno a uno. Estas preguntas están diseñadas para fomentar el diálogo abierto, identificar necesidades, mejorar el desempeño y promover el desarrollo del empleado.

1. Preguntas sobre desempeño y progreso

- ¿Cómo te sientes con respecto al progreso que has hecho en tus metas?
- ¿Qué obstáculos has enfrentado recientemente en tu trabajo? ¿Cómo puedo ayudarte a superarlos?
- ¿Hay algún proyecto o tarea en la que sientes que necesitas más apoyo o recursos?

- ¿Qué has logrado en las últimas semanas de lo que te sientes más orgulloso?

- ¿Qué habilidades crees que has mejorado desde nuestra última reunión?

- ¿Hay algún aspecto de tu trabajo actual que sientes que podría mejorarse o ser más eficiente?

2. Preguntas sobre desarrollo personal y profesional

- ¿Qué habilidades o conocimientos te gustaría desarrollar en los próximos meses?

- ¿Hay algún proyecto o rol dentro de la empresa en el que te gustaría involucrarte?

- ¿Qué oportunidades crees que existen para que puedas crecer en tu rol actual?

- ¿Qué recursos o apoyo adicional necesitas para avanzar en tu desarrollo profesional?

- ¿Cómo ves tu carrera a largo plazo en la empresa?

- ¿Te gustaría recibir algún tipo de capacitación o mentoring para mejorar en áreas específicas?

3. Preguntas sobre bienestar y satisfacción laboral

- ¿Cómo te sientes en general con tu carga de trabajo? ¿Es manejable?

- ¿Te sientes motivado en tu trabajo? Si no, ¿qué podríamos cambiar para mejorar esto?

- ¿Hay algo fuera del trabajo que esté afectando tu bienestar y que debamos tener en cuenta?

- ¿Sientes que tienes un buen equilibrio entre tu vida laboral y personal?

- ¿Qué parte de tu trabajo disfrutas más? ¿Qué parte disfrutas menos?

- ¿Sientes que estás recibiendo suficiente reconocimiento por tu trabajo?

4. Preguntas sobre retroalimentación y mejora

- ¿Hay algo que puedas estar haciendo de manera diferente para ser más efectivo en tu rol?

- ¿Qué áreas crees que podrías mejorar y cómo puedo ayudarte a trabajar en ellas?

- ¿Te resulta útil la retroalimentación que has recibido hasta ahora? ¿Te gustaría recibir más feedback?

- ¿Hay algo que yo pueda hacer como líder para apoyarte mejor?

- ¿Hay algo que pueda cambiar o mejorar en mi forma de liderar para ayudarte más?

- ¿Cómo puedo mejorar la dinámica del equipo para facilitar tu trabajo?

5. Preguntas sobre alineación con los objetivos

- ¿Cómo ves tu trabajo alineado con los objetivos del equipo y de la empresa?

- ¿Hay algo que no esté claro acerca de las expectativas que tenemos para ti?
- ¿Qué más necesitas saber o tener claro sobre los objetivos de la empresa o del equipo?
- ¿Qué sugerencias tienes para mejorar la forma en que alcanzamos nuestros objetivos?
- ¿Cómo podemos asegurarnos de que tu trabajo diario esté alineado con las prioridades más amplias de la empresa?

6. Preguntas sobre relaciones laborales y equipo

- ¿Cómo te sientes trabajando con el resto del equipo? ¿Hay algo que podría mejorar?
- ¿Cómo te llevas con tus colegas? ¿Hay alguna relación que necesite fortalecerse?
- ¿Sientes que tienes el apoyo suficiente de otros departamentos o colegas cuando lo necesitas?
- ¿Cómo podemos mejorar la comunicación dentro del equipo?
- ¿Hay alguna dinámica en el equipo que te preocupe o que creas que podría mejorarse?

7. Preguntas sobre iniciativas y creatividad

- ¿Hay algún proyecto o idea que te gustaría proponer o en la que te gustaría involucrarte más?

- ¿Hay algo que creas que podríamos hacer de manera diferente como equipo o empresa para mejorar?

- ¿Qué cambios harías si estuvieras en mi lugar?

- ¿Hay alguna iniciativa en la que te gustaría participar para mejorar los procesos del equipo?

8. Preguntas de seguimiento a conversaciones previas

- La última vez hablamos sobre [tema específico], ¿cómo te ha ido desde entonces?

- En nuestra última reunión mencionaste [obstáculo], ¿has podido superarlo? ¿Necesitas más ayuda en ese aspecto?

- En nuestra última conversación establecimos [meta], ¿cómo te sientes con respecto a tu progreso?

9. Preguntas sobre cultura y ambiente laboral

- ¿Sientes que el ambiente de trabajo es positivo y de apoyo?

- ¿Qué podríamos hacer como equipo para mejorar la cultura en el lugar de trabajo?

- ¿Te sientes valorado en el equipo y en la empresa?

10. Preguntas de cierre

- ¿Hay algo más que te gustaría discutir que no hemos mencionado hasta ahora?

- ¿Hay algún tema que te gustaría que tratáramos más a fondo en nuestra próxima reunión?
- ¿Te sientes satisfecho con el apoyo que estás recibiendo para lograr tus objetivos?

10. Preguntas adicionales que se te han ocurrido

_____
_____
_____
_____
_____
_____
_____

Preguntas del Líderado a su Líder

Aquí tienes una lista de preguntas que un empleado puede hacer a su líder durante una reunión Uno a Uno. Estas preguntas pueden ayudar al empleado a obtener claridad sobre su desempeño, expectativas, oportunidades de desarrollo, y también para entender mejor cómo puede contribuir al éxito del equipo y la organización.

1. Preguntas sobre desempeño

- ¿Cómo evalúas mi desempeño en los proyectos recientes?
- ¿Hay alguna área en la que crees que debería enfocarme más para mejorar?

- ¿Qué estoy haciendo bien y debería seguir haciendo en mi trabajo?

- ¿Cómo puedo ser más efectivo en mis tareas diarias?

- ¿Cómo se mide mi éxito en mi rol?

- ¿Qué expectativas específicas tienes para mí en los próximos meses?

2. Preguntas sobre retroalimentación

- ¿Qué tipo de feedback me puedes dar sobre el trabajo que he realizado recientemente?

- ¿Hay algo que debería cambiar o ajustar en la forma en que abordo mis tareas?

- ¿Cómo puedo mejorar la calidad de mi trabajo y ser más eficiente?

- ¿Cómo manejas la retroalimentación en nuestro equipo y cómo puedo recibir más feedback constructivo?

- ¿Qué oportunidades ves para que mejore en las habilidades que utilizo diariamente?

3. Preguntas sobre desarrollo y crecimiento

- ¿Cuáles son las oportunidades de crecimiento que ves para mí dentro de la empresa?

- ¿Qué habilidades adicionales o capacitaciones crees que serían útiles para mi desarrollo?

- ¿Qué puedo hacer para prepararme para asumir más responsabilidades en el futuro?
- ¿Qué áreas de mi trabajo crees que son importantes para mi desarrollo profesional?
- ¿Cómo puedo contribuir más al equipo mientras sigo desarrollándome en mi rol actual?
- ¿Hay proyectos en los que me recomiendes participar para aprender nuevas habilidades?

4. Preguntas sobre expectativas y alineación

- ¿Cómo ves mi trabajo alineado con los objetivos del equipo y de la empresa?
- ¿Hay algo que debería priorizar en mis tareas para asegurarme de estar alineado con las metas del equipo?
- ¿Cuál es la prioridad más importante para ti en cuanto a mi rol en el equipo?
- ¿Cuál crees que es el impacto más grande que puedo tener en este momento para el equipo o la empresa?
- ¿Cómo puedo mejorar la forma en que contribuyo al éxito del equipo?

5. Preguntas sobre el equipo y la dinámica de trabajo

- ¿Cómo crees que estoy contribuyendo al equipo?

- ¿Hay algo que podría hacer para mejorar la colaboración con mis compañeros de equipo?

- ¿Qué más puedo hacer para ayudar a fortalecer la comunicación dentro del equipo?

- ¿Cómo puedo asegurarme de que mis interacciones con otros equipos o departamentos sean más efectivas?

- ¿Cómo ves la dinámica del equipo y mi rol dentro de ella?

6. Preguntas sobre el liderazgo y apoyo

- ¿Cómo puedo mejorar mi relación contigo como mi líder?

- ¿Cómo prefieres que te comunique los problemas o desafíos que enfrento en mi trabajo?

- ¿Qué tipo de apoyo puedo esperar de ti en mi desarrollo profesional?

- ¿Cómo puedo aprovechar mejor tu experiencia o conocimientos para mejorar en mi rol?

- ¿Cómo crees que puedo sacar el máximo provecho de tus fortalezas como líder?

7. Preguntas sobre oportunidades de innovación y mejora

- ¿Hay algún proceso o proyecto que podría mejorar dentro del equipo?

- ¿Hay algo que te gustaría que mejorara en la forma en que gestiono mis tareas?
- ¿Qué iniciativas ves en el horizonte que puedan ser una oportunidad para que me involucre?
- ¿Hay alguna área en la que pienses que podemos innovar como equipo y en la que pueda contribuir?

8. Preguntas sobre la visión y la estrategia

- ¿Cuál es la visión a largo plazo para el equipo y cómo encaja mi rol en ella?
- ¿Cómo puedo alinearme mejor con la estrategia general de la empresa?
- Cómo ves el desarrollo de mi carrera dentro de la organización a medida que avanzamos hacia nuestros objetivos estratégicos?
- ¿Cómo puedo contribuir mejor a la estrategia global del equipo y asegurarme de que mis tareas estén en línea con los objetivos?

9. Preguntas sobre equilibrio y bienestar

- ¿Hay algo que debería hacer para manejar mejor mi carga de trabajo y asegurarme de que no esté sobrecargado?
- ¿Cómo ves mi equilibrio entre vida personal y profesional? ¿Crees que hay algo que deba ajustar para mantener un mejor balance?

- ¿Qué puedo hacer para mejorar mi bienestar y mantenerme motivado en mi trabajo diario?

10. Preguntas sobre expectativas para el futuro

- ¿Qué metas específicas tienes para mí en los próximos tres a seis meses?

- ¿Cómo ves mi crecimiento a largo plazo en la empresa?

- ¿Qué expectativas tienes de mí en los próximos proyectos en los que estaré involucrado?

- ¿Qué crees que debería hacer para estar más preparado para asumir nuevos desafíos o responsabilidades en el futuro?

11. Preguntas sobre seguimiento y mejoras

- La última vez hablamos sobre [tema discutido previamente], ¿cómo evalúas mi progreso en ese aspecto?

- ¿Hay algo adicional que crees que debería hacer para mejorar en las áreas que discutimos anteriormente?

- ¿Qué nuevos objetivos o mejoras sugieres que incorpore en mi trabajo diario después de nuestra conversación?

- ¿Cómo crees que puedo avanzar más rápido hacia las metas que acordamos en nuestra última reunión?

12. Preguntas para mejorar el liderazgo

- ¿Hay alguna sugerencia que tengas para mejorar la manera en que lidero mis proyectos o colaboro con otros miembros del equipo?
- ¿Qué te parece la manera en que gestiono mis responsabilidades? ¿Hay algo que cambiarías?
- ¿Cómo puedo fortalecer mis habilidades de liderazgo o de toma de decisiones?
- ¿Cómo puedo ser más efectivo al manejar situaciones difíciles o resolver conflictos dentro del equipo?

13. Preguntas de cierre

- ¿Hay algo más que crees que deberíamos abordar en esta reunión que no hayamos cubierto aún?
- ¿Qué podrías sugerir para hacer más efectivas nuestras próximas reuniones uno a uno?
- ¿Cómo puedo mejorar mi forma de comunicar mis necesidades y expectativas contigo?
- ¿Cómo te gustaría que se lleve a cabo el seguimiento de los temas que discutimos hoy?

14. Preguntas adicionales que se te han ocurrido

_____
_____
_____
_____

Preguntas que NO deben hacerse en una reunión Uno a Uno

No todas las preguntas son apropiadas para una reunión Uno a Uno. En lugar de fomentar el crecimiento y la colaboración, algunas preguntas pueden desviar la conversación hacia un terreno negativo, improductivo e incluso destructivo. Es fundamental evitar preguntas que promuevan rumores, desconfianza o que falten al respeto, como "¿No te parece que el CEO es un idiota?". Este tipo de comentarios no solo son inapropiados, sino que pueden generar un ambiente de desconfianza, conflictos y una falta de profesionalismo que perjudica al equipo y a la organización.

¿Por qué estas preguntas son inapropiadas?

1. Fomentan un ambiente tóxico: preguntas cargadas de negatividad o chismes promueven la desconfianza y los rumores, erosionando la moral del equipo y dificultando el trabajo colaborativo.

2. Afectan la profesionalidad: las reuniones Uno a Uno deben ser conversaciones profesionales enfocadas en mejorar el desempeño y fomentar el desarrollo. Desviar la conversación hacia críticas sobre líderes o compañeros de trabajo debilita este propósito.

3. Generan desconfianza: este tipo de preguntas puede hacer que el empleado se sienta incómodo o inseguro acerca de la dirección de la empresa, afectando su productividad y compromiso con el equipo.

4. Destruyen la cultura organizacional: las preguntas que critican abiertamente a la dirección o a otros empleados crean un ambiente de negatividad que mina la cultura de la organización y afecta el clima laboral.

Las reuniones Uno a Uno deben centrarse en la colaboración constructiva, el desarrollo del empleado y la mejora continua del equipo. Evitar preguntas que promuevan la desconfianza o la falta de respeto es clave para que estas reuniones logren su verdadero propósito: fortalecer la relación entre líder y colaborador, y contribuir al éxito del equipo y la organización.

1. Preguntas que descalifican a otros miembros del equipo:

- ¿No crees que Juan no tiene idea de lo que está haciendo?
- ¿No te parece que María es muy incompetente para su puesto?
- ¿No es evidente que Pedro no aporta nada al equipo?

2. Preguntas que fomentan rumores sobre la empresa:

- ¿Has oído que la empresa va a despedir a mucha gente pronto?
- ¿No te parece raro todo el secretismo sobre lo que está pasando en la junta directiva?

- ¿Sabes si el jefe de finanzas va a renunciar?

3. Preguntas que critican o desvalorizan a los líderes:

- ¿No te parece que nuestro gerente es muy incompetente?

- ¿Crees que el jefe de operaciones tiene alguna idea de lo que está haciendo?

- ¿No te parece que la dirección no tiene ni idea de lo que está pasando en realidad?

4. Preguntas que promueven la desconfianza hacia la empresa:

- ¿No te parece que la empresa está yendo en la dirección equivocada?

- ¿No crees que nadie en la empresa se preocupa por los empleados?

- ¿Crees que todo este trabajo vale la pena con lo que nos están pagando?

5. Preguntas que alimentan la negatividad sobre decisiones estratégicas:

- ¿No crees que la nueva estrategia de la empresa es una completa pérdida de tiempo?

- ¿No piensas que la última decisión del equipo ejecutivo fue un error garrafal?

- ¿Crees que la dirección realmente entiende el impacto de sus decisiones?

6. Preguntas que promueven el resentimiento o el desánimo:

- ¿No te parece que estamos trabajando más duro que todos los demás en la empresa?
- ¿No crees que nunca valoran nuestro esfuerzo?
- ¿Para qué nos esforzamos si nadie aprecia lo que hacemos?

7. Preguntas que fomentan el chisme o las comparaciones destructivas:

- ¿Has escuchado el último rumor sobre el jefe de recursos humanos?
- ¿Sabías que a Laura la ascendieron porque es amiga del gerente?
- ¿No te parece sospechoso que Carlos siempre tenga mejores oportunidades?

8. Preguntas de carácter personal que invaden la privacidad:

- ¿Por qué no te llevas bien con tus compañeros?
- ¿Qué problemas personales tienes que te afectan en el trabajo?

- ¿Tienes problemas en casa que te impiden concentrarte?

Este tipo de preguntas pueden hacer que el empleado se sienta invadido en su privacidad. Si bien es importante ser empático y estar disponible para apoyar, el enfoque debe estar en el trabajo y en cómo el líder puede ayudar a superar los desafíos.

Preguntas que implican "micromanagement" y por qué evitarlas

Aunque no todas las preguntas inapropiadas son abiertamente negativas, algunas pueden generar un impacto sutil pero dañino en la relación entre el líder y el empleado. En particular, las preguntas que reflejan micromanagement deben evitarse en las reuniones Uno a Uno. Este tipo de preguntas, aunque bien intencionadas, pueden socavar la autonomía del empleado y enviar el mensaje de que no se confía en su capacidad para gestionar sus tareas y responsabilidades de manera independiente.

¿Por qué evitar estas preguntas?

1. Destruyen la autonomía: las preguntas que implican un control excesivo limitan la capacidad del empleado para tomar decisiones, afectando su confianza y creatividad. La "micromanagement" reduce su espacio para pensar y actuar por sí mismo.

2. Generan desconfianza: este tipo de preguntas sugiere que el líder no confía en la habilidad del empleado para gestionar su trabajo de manera efectiva. Esto

puede erosionar la relación entre ambos y afectar la dinámica de confianza.

3. Reducen la motivación: el exceso de supervisión y control constante hace que el empleado pierda la motivación para ser proactivo o tomar la iniciativa, lo que impacta su desempeño y satisfacción en el trabajo.

4. Dificultan el desarrollo: al microgestionar, el líder impide que el empleado aprenda y crezca por sí mismo. Sin espacio para aprender de sus propios éxitos y errores, el desarrollo personal y profesional se ve limitado.

En lugar de enfocarse en cada pequeño detalle de las tareas del empleado, es más productivo hacer preguntas que se centren en los resultados, los logros alcanzados, los desafíos enfrentados y cómo el líder puede ofrecer apoyo para que el empleado gestione sus responsabilidades de manera eficiente y autónoma. De esta forma, se crea un ambiente donde se fomenta la confianza, la independencia y el desarrollo continuo.

Nota aclaratoria: aunque sé que en ocasiones las circunstancias, la falta de progreso o la frustración pueden llevarte a usar las siguientes preguntas, lo esencial es evitarlas siempre que sea posible.

1. Preguntas que controlan en exceso los detalles menores:

- ¿Por qué usaste esa herramienta en lugar de la otra?

- ¿Revisaste cada pequeño paso de tu proceso antes de seguir adelante?

- ¿Cómo, exactamente, estás organizando cada una de tus tareas diarias?

2. Preguntas que cuestionan decisiones rutinarias:

- ¿Por qué decidiste hacer primero esa tarea y no esta otra?

- ¿Estás seguro de que tomaste la decisión correcta en ese pequeño aspecto?

- ¿Por qué elegiste ese enfoque en lugar del que te sugerí?

3. Preguntas que demuestran una falta de confianza en la capacidad de gestión del empleado:

- ¿Me enviaste un correo con cada avance de lo que hiciste ayer?

- ¿Estás seguro de que puedes manejar este proyecto sin mi supervisión constante?

- ¿Cómo puedo estar seguro de que no vas a cometer errores si no te estoy supervisando de cerca?

4. Preguntas que solicitan aprobaciones constantes:

- ¿Me puedes mostrar todo lo que has hecho hasta ahora antes de continuar?
- ¿Me has consultado sobre cada decisión que has tomado en este proyecto?
- ¿Confirmaste conmigo todos los pasos antes de actuar?

5. Preguntas que exigen actualizaciones demasiado frecuentes:

- ¿Cómo va esa tarea que comenzaste hace una hora?
- ¿Ya avanzaste en esa tarea desde nuestra última reunión hace dos días?
- ¿Cuántos correos has respondido hasta ahora esta mañana?

6. Preguntas que fiscalizan cada pequeña actividad:

- ¿A qué hora empezaste exactamente a trabajar en esta tarea?
- ¿Cuánto tiempo te tomó hacer ese informe minuto a minuto?
- ¿Qué hiciste cada hora del día de ayer?

7. Preguntas que desconfían de la capacidad del empleado para gestionar su propio tiempo:

- ¿Cuántos minutos exactamente has dedicado a cada una de tus tareas hoy?"

- ¿Te aseguraste de no perder tiempo en algo improductivo esta mañana?"

- ¿Cómo puedo estar seguro de que no estás desperdiciando el tiempo cuando no te veo?"

8. Preguntas que indican falta de autonomía:

- ¿Me consultaste antes de hablar con ese cliente?

- ¿Cómo te aseguraste de seguir cada uno de los pasos que te di la última vez?

- ¿Has seguido al pie de la letra lo que te dije que debías hacer?

9. Preguntas que exigen justificación constante:

- ¿Por qué tardaste más de lo que yo esperaba en completar esa tarea?

- ¿Qué te hizo pensar que podías hacer eso sin preguntarme primero?

- ¿Cómo es que no me consultaste antes de tomar esa decisión menor?

10. Preguntas que fiscalizan la planificación personal del empleado:

- ¿Tienes ya todo planeado para cada minuto de mañana?
- ¿Cuándo exactamente piensas hacer cada tarea hoy?
- ¿Estás seguro de que no estás improvisando tu horario?

Conclusión

Las reuniones Uno a Uno son un espacio invaluable para fomentar la comunicación abierta, el crecimiento mutuo y la alineación entre líder y colaborador. Las preguntas adecuadas pueden marcar la diferencia entre una conversación superficial y un diálogo profundo y productivo. Al definir claramente qué preguntas puede hacer el líder y cuáles son más apropiadas para el liderado, se establece un equilibrio que permite explorar los desafíos, celebrar los logros y planificar el desarrollo futuro.

Por otro lado, es igualmente importante saber qué preguntas no deben hacerse. Ya sea que fomenten la negatividad o reflejen "micromanagement", estas preguntas pueden minar la confianza, reducir la motivación y crear un ambiente de desconfianza. Evitarlas es clave para que las reuniones se mantengan constructivas y centradas en el desarrollo y la mejora continua.

En resumen, saber qué preguntar, cómo preguntar y qué evitar en una reunión Uno a Uno es esencial para crear un espacio en el que el liderazgo y el trabajo colaborativo florezcan. Aprovechar al máximo estas preguntas permitirá que las reuniones sean mucho más que un intercambio de información: serán una herramienta estratégica para el éxito del equipo y el crecimiento personal y profesional de cada miembro.

CAPITULO 7

Cadencia y duración óptimas de las reuniones Uno a Uno

La cadencia y duración de las reuniones uno a uno son aspectos fundamentales para garantizar su efectividad. No existía, hasta ahora, una fórmula mágica o un estándar internacionalmente aceptado que dictase con precisión cuál debía ser la frecuencia perfecta para estas reuniones. Sin embargo, la experiencia y las mejores prácticas nos han permitido crear un enfoque que adapta la cadencia según las necesidades específicas de cada empleado.

Por esta razón, hemos desarrollado el **Standard MEK1:1**, una guía estructurada que clasifica a los empleados en cinco categorías, proporcionando un marco de referencia claro para establecer la frecuencia adecuada de las reuniones Uno a Uno. Estas categorías son:

A. **Sobrados Alpha**: empleados de alto desempeño que, independientemente de su tiempo en la empresa, superan consistentemente las metas establecidas y demuestran una gran iniciativa propia.

B. **Experimentados o seniors**: empleados con más de seis meses participando en reuniones Uno a Uno, que han desarrollado el hábito de estas reuniones y muestran un progreso constante y positivo.

C. **Con bajo desempeño**: aquellos que, durante tres meses o más, no han cumplido con sus rutinas de ejecución o están por debajo de las metas establecidas, lo que requiere mas supervisión y apoyo según la gravedad.

D. **Con desafíos o roles críticos**: aquellos que enfrentan actualmente un desafío particular o están involucrados en proyectos cruciales que demandan respuestas rápidas, un alto nivel de enfoque y apoyo continuo.

E. **Empleados nuevos**: aquellos que llevan seis meses o menos en la empresa y requieren un seguimiento más frecuente para garantizar su correcta integración y adaptación.

Basándonos en el Standard MEK1:1, se hacen recomendaciones específicas de cadencia para cada una de estas categorías, asegurando que la frecuencia de las reuniones esté alineada con las necesidades y el rendimiento de cada empleado. A lo largo de este capítulo, exploraremos cómo aplicar estas recomendaciones y ajustar la duración de las reuniones para maximizar su impacto.

El Standard MEK1:1 no solo clasifica a los empleados de manera eficiente, sino que también considera los cambios en su desempeño y situación laboral, lo que lo convierte en una herramienta altamente flexible. La realidad de cada empleado es dinámica: un empleado puede pasar de enfrentar desafíos críticos a destacarse por su alto desempeño, o viceversa. Gracias a esta flexibilidad, el estándar se adapta a estas transiciones, permitiendo que los líderes ajusten la cadencia y el enfoque de las reuniones uno a uno según las necesidades actuales de cada empleado.

Este enfoque adaptable convierte al Standard MEK1:1 en un punto de referencia ideal para los líderes al planificar, agendar y ejecutar estas reuniones de manera estratégica. La capacidad de ajustar el ritmo y la frecuencia de las reuniones asegura que las necesidades de desarrollo, apoyo o supervisión de cada empleado sean atendidas en el momento adecuado, optimizando así su crecimiento y contribución a la empresa.

	TABLA DE CADENCIA		
Categorías MEK1:1	Mensual	Quincenal	Semanal
A	X		
B		X	
C - Según gravedad		X	X
D			X
E			X

Se recomienda que las reuniones Uno a Uno tengan una duración mínima de 30 minutos y no excedan una hora. Es fundamental establecer con claridad la hora exacta de inicio y finalización. Las reuniones deben comenzar puntualmente, y el líder debe dar el ejemplo en este aspecto. Sin embargo, no solo importa lo que predicas y practicas, sino también lo que toleras. Si en alguna ocasión el colaborador llega tarde, incluso por solo 3 minutos, el líder tiene la responsabilidad de dejar claro que la puntualidad es un valor innegociable. Lo que toleres se convertirá en el nuevo estándar dentro de tu equipo.

Es igualmente importante terminar la reunión a tiempo y no exceder la duración acordada. Si quedan temas pendientes, estos deben trasladarse a la siguiente reunión Uno a Uno o, si es necesario, programar una sesión extraordinaria fuera de la cadencia preestablecida.

En cuanto a la cadencia de las reuniones, el empleado debe saber con claridad los días y la hora en los que se llevará a cabo su reunión, al menos hasta que se realicen ajustes debido a cambios en las circunstancias. En el caso de empleados con turnos rotativos, abordaremos más adelante cómo enfrentar este desafío particular.

Basado en la tabla de cadencias y las categorías del estándar **MEK1:1**, el líder debe elaborar un plan que incluya los nombres de sus colaboradores, la categoría a la que pertenecen, y el día y la hora en que tendrán su Uno a Uno. Lo habitual es que un líder gestione directamente a no más de 10 personas. Si lidera a un número mayor, deberá ajustar la cadencia o la duración de las reuniones para evitar que estas absorban demasiado tiempo de su agenda. Más adelante damos recomendaciones para este desafío especifico.

No obstante, de todas las responsabilidades innegociables de un líder, posiblemente la de ejecutar reuniones Uno a Uno sea la más importante y la que genera mayor impacto positivo en los resultados. En otras palabras, bien programadas y ejecutadas, representan una de las mejores inversiones de tiempo que un líder puede hacer.

Ejemplo de tablero del Líder para agenda de 1:1

	CADENCIA		
Categorías MEK1:1	Mensual	Quincenal	Semanal
A	Raúl Q.		
B		Gloria F. Luis Lopez	
C - Según gravedad		José E.	Pablo U.
D			María D.
E			Luz Arias Flor Ortega

¿Cómo gestionar la frecuencia en equipos grandes?

a. Agrupación de reuniones

- Si eres responsable de un equipo grande con varios reportes directos, podrías agrupar tus reuniones uno a uno en un día o dos de la semana. Esto facilita la planificación y asegura que las reuniones sigan siendo consistentes.

- **Tiempos más cortos**: en estos casos, puedes optar por reuniones más cortas de 30 minutos o incluso 15 minutos, dependiendo de la necesidad.

b. Delegar check-ins a otros líderes

- En equipos muy grandes, puedes delegar parte del seguimiento y apoyo a otros líderes o mentores dentro del equipo, especialmente para los empleados más autónomos. Esto asegura que todos reciban la atención adecuada sin sobrecargar tu tiempo y ayudas a desarrollar el liderazgo de otros.

¿Cómo gestionar las reuniones uno a uno en tiempos de alta carga de trabajo?

a. Mantener la consistencia

- Aun en tiempos de alta carga de trabajo, es esencial que las reuniones uno a uno no se cancelen constantemente. Mantener estas conversaciones garantiza que los problemas no se acumulen y que los empleados sientan que tienen un espacio para expresarse.

b. Optar por check-ins rápidos

- Si el tiempo es un problema, puedes optar por reuniones más cortas pero efectivas (15-20 minutos), enfocadas en revisar solo los temas críticos o los mayores bloqueadores del empleado.
- **Priorizar temas**: durante tiempos ocupados, prioriza los temas más urgentes y acuerda revisar temas menos importantes en la próxima reunión.

c. Factores adicionales que pueden influir en la frecuencia

- **Cambios organizacionales**: durante épocas de cambios importantes (reestructuraciones, nuevas estrategias, etc.), aumentar la frecuencia de las reuniones puede ayudar a que los empleados se sientan apoyados y alineados con las nuevas metas.
- **Ubicación geográfica**: en equipos distribuidos o que trabajan de forma remota, puede ser útil aumentar la frecuencia para mantener una conexión más cercana y abordar problemas antes de que se conviertan en mayores.

¿Cómo logro establecer una cadencia para las reuniones Uno a Uno si mi equipo tiene turnos rotativos o irregulares de trabajo?

Para lograr una **cadencia preestablecida de reuniones uno a uno** para personas con **horarios y turnos rotativos**, y se usa una combinación de **flexibilidad, planificación anticipada** y **herramientas digitales**. La clave es diseñar un sistema que se adapte a los diferentes turnos, garantizando que las reuniones sean regulares y que no interfieran con el horario de trabajo de los empleados. Aquí te presento algunos enfoques metodológicos para lograrlo:

1. Planificación de reuniones flexibles basadas en turnos

Para personas con horarios y turnos rotativos, la planificación debe tener en cuenta los cambios de turno, de manera que las reuniones uno a uno se adapten a los diferentes ciclos. Una metodología es planificar las reuniones en torno a los siguientes puntos:

- **Identificar los patrones de rotación**: analiza los ciclos de rotación de turnos para establecer cuándo cada persona tiene un tiempo disponible para una reunión. Algunas empresas trabajan en ciclos semanales, quincenales o mensuales, por lo que los **horarios de reunión** deben adaptarse a esos ciclos. Si un empleado tiene un turno de mañana en una semana y de noche en otra, las reuniones pueden agendarse para el primer día de su ciclo de descanso o en un turno con menos carga de trabajo.

- **Creación de bloques de tiempo flexibles**: crear **bloques de tiempo flexibles** en el calendario de la semana, adaptados a los diferentes turnos. Por ejemplo, si la persona trabaja de 6 am a 2 pm un día y de 2 pm a 10 pm en otra semana, los bloques de reunión pueden programarse al final de sus turnos de mañana o al inicio de sus turnos de tarde.

2. Rotación en la programación de reuniones

Otra metodología efectiva es **rotar la programación** de las reuniones uno a uno, de manera que se ajusten al horario del empleado y no sean siempre en el mismo momento del día o la semana. Esto es particularmente útil para personas que tienen turnos variables. Por ejemplo:

- **Rotación semanal**: Una semana la reunión puede ser al inicio del turno del empleado, la semana siguiente en el intermedio, y la siguiente al final. Este enfoque es útil para que la reunión no siempre caiga en un momento del día que pueda ser inconveniente.

- **Turnos opuestos**: Si un empleado trabaja de noche una semana y de día la siguiente, las reuniones uno a uno pueden programarse en el ciclo contrario, es decir, durante la semana de turnos de día, se hace la reunión uno a uno en la tarde, y durante los turnos de noche, la reunión puede ser al comienzo de su turno nocturno.

3. Herramientas de planificación anticipada

El uso de **herramientas de planificación** y **calendarios compartidos** es fundamental para la organización de reuniones con empleados en turnos rotativos. Algunas herramientas y enfoques que puedes usar son:

- **Software de planificación de turnos**: herramientas como **When I Work**, **Deputy**, o **Shiftboard** permiten visualizar los turnos rotativos y planificar reuniones en función de los turnos asignados. Estas plataformas pueden integrarse con calendarios como Google Calendar, lo que facilita agendar reuniones cuando ambos, gerente y empleado, están disponibles.

- **Encuestas de disponibilidad**: utiliza herramientas como **Doodle** o **Calendly** para permitir que los empleados seleccionen los momentos que mejor les convienen según su turno. Esto le da al empleado más control sobre su tiempo y asegura que la reunión ocurra en un horario cómodo.

4. Cadencia predefinida y adaptable

En términos de **cadencia predefinida**, es importante establecer una frecuencia regular según el Standard MEK1:1 para las reuniones, aunque la programación sea flexible en cuanto a los días y horas. Algunas recomendaciones para establecer la cadencia incluyen:

- **Quincenal o mensual**: Las reuniones uno a uno con empleados de turnos rotativos generalmente funcionan bien en una **cadencia mensual**, ya que brinda suficiente espacio para ajustar la agenda según los ciclos de rotación. Para trabajos con alta rotación o turnos nocturnos, una reunión mensual puede ser más adecuada para evitar interrumpir el descanso de los empleados. Crear un balance entre estros criterios y el Standard MEK1:1 te ayudará a establecer la cadencia.

- **Revisiones trimestrales o semestrales para ajustes**: Es importante realizar **revisiones periódicas** de la cadencia para ajustar el ritmo de las reuniones si es necesario. Si las condiciones de trabajo cambian, como un aumento en la carga de trabajo o una reestructuración de turnos, la frecuencia de las reuniones uno a uno puede ajustarse en consecuencia.

5. Reuniones de seguimiento asincrónicas (ULTIMO RECURSO)

Para trabajadores con horarios rotativos y complicados, las reuniones uno a uno no siempre pueden realizarse en tiempo real. En esos casos, puedes utilizar el enfoque de **reuniones asincrónicas**:

- **Actualizaciones por correo electrónico o videos**: Si no es posible agendar una reunión en tiempo real, el líder puede enviar un **resumen de temas a discutir** por correo electrónico o por medio de una herramienta de mensajería. El empleado puede responder a las preguntas en un momento adecuado para él.

- **Grabaciones en video**: Las plataformas como **Loom** O **Dubb** (gratis) permiten que el gerente grabe un video con la retroalimentación y el progreso a discutir. El empleado puede verlo en su tiempo y luego agendar una breve reunión de seguimiento.

6. Acuerdos de flexibilidad mutua

Finalmente, es clave fomentar una **cultura de flexibilidad y autonomía**. Es importante que ambos, gerente y empleado, tengan flexibilidad para reorganizar las reuniones si los turnos cambian inesperadamente. La clave es mantener la consistencia en la comunicación, más allá de que el día y la hora específica puedan cambiar según los turnos.

Para personas con **horarios y turnos rotativos**, establecer una cadencia preestablecida de reuniones uno a uno implica **adaptar las reuniones a sus ciclos de trabajo** mediante la planificación flexible, el uso de herramientas digitales, y la rotación de horarios de reunión. Mantener un enfoque personalizado y flexible asegura que las reuniones se realicen de manera regular sin afectar la productividad ni el bienestar del empleado.

Conclusión

La frecuencia óptima de las reuniones Uno a Uno depende de las necesidades del empleado, la naturaleza del trabajo y la situación del equipo o proyecto. Lo ideal es encontrar un equilibrio que permita un seguimiento adecuado, pero que también deje suficiente espacio para que el empleado pueda avanzar de manera autónoma. La clave está en ser flexible y ajustar la frecuencia según las circunstancias, asegurando siempre que estas reuniones sigan aportando valor para ambas partes.

En momentos de alta carga de trabajo, es crucial no solo decidir qué actividades realizar, sino también cuáles no deben hacerse. Desde la perspectiva de inversión de tiempo en función de los resultados, las reuniones Uno a Uno son una de esas actividades que no deben dejarse de lado. Bien ejecutadas, son una de las herramientas más valiosas para potenciar el desarrollo del empleado y asegurar el éxito del equipo.

CAPITULO 8

Obstáculos comunes y cómo superarlos

En la ajetreada agenda de cualquier líder, hay decenas de tareas, responsabilidades y decisiones que compiten por su atención. Desde reuniones estratégicas hasta la resolución de crisis inmediatas. Sin embargo, de todas las reuniones, tareas y compromisos que un líder puede tener, las reuniones Uno a Uno son, sin duda, las más importantes. Estas representan la mejor inversión de tiempo que un líder puede hacer y son la herramienta más efectiva para liderar, que es, en esencia, el propósito fundamental de su cargo.

La mejor inversión de tiempo

Muchos líderes, atrapados en la vorágine de sus múltiples responsabilidades, pueden caer en la trampa de priorizar tareas inmediatas y urgentes, postergando las reuniones Uno a Uno. Sin embargo, no hay mejor inversión de tiempo que la que se hace en fortalecer a cada miembro del equipo. Estas reuniones no solo generan soluciones a corto plazo, sino que también fomentan la autonomía, la confianza y la eficacia a largo plazo.

Un líder que deja de lado estas reuniones corre el riesgo de perder el pulso del equipo, desconectarse de los desafíos cotidianos de sus empleados y, lo que es peor, dejar de cumplir su misión principal: liderar. Porque ser líder no es solo tomar decisiones estratégicas, sino también guiar, motivar y desarrollar a las personas bajo su cargo.

Liderar es estar presente

En última instancia, las reuniones Uno a Uno son la herramienta más poderosa que un líder tiene para ejercer un liderazgo efectivo. Estar presente para cada miembro del equipo, dedicar tiempo a escuchar sus inquietudes y ayudarlos a crecer es la esencia misma del liderazgo. No hay tarea más importante ni mejor forma de liderar que mediante estas conversaciones regulares, profundas y personalizadas.

Mientras muchas otras tareas pueden delegarse o posponerse, las reuniones Uno a Uno no deben ser una de ellas. Cuando un líder prioriza estas reuniones, está priorizando el éxito de su equipo y, por ende, el éxito de la empresa.

Superando los obstáculos

A pesar de lo indudablemente importante que es esta herramienta, de hecho, vital para alcanzar las metas de la empresa, las reuniones Uno a Uno no están exentas de obstáculos. Desde la falta de tiempo, la sobrecarga de responsabilidades, hasta la gestión de múltiples empleados. Existen desafíos que pueden impedir que un líder dedique el tiempo necesario a estas reuniones. Sin embargo, aquí te enseñaremos cómo superar estos obstáculos y asegurarte de que las reuniones Uno a Uno se conviertan en tu herramienta más efectiva para liderar con éxito y alcanzar resultados excepcionales.

Establecer cadencia en turnos rotativos

Este problema lo abordamos ya en el capítulo anterior en detalle.

La monotonía en las reuniones

Abordaremos este desafío en su propio capítulo más adelante.

El gerente dinosaurio

Uno de los mayores obstáculos que he encontrado en mi carrera como estratega de liderazgo y productividad empresarial para implementar las reuniones Uno a Uno son los gerentes que se aferran a una metodología obsoleta. Estos líderes retrógrados prefieren el aislamiento de sus oficinas cerradas, desconectados de su equipo, y solo aparecen para reprender o dar órdenes. No actúan como verdaderos líderes, sino como simples jefes que se refugian en su zona de confort, evitando cualquier cosa que implique esfuerzo o cambio.

A pesar de que la implementación de las reuniones Uno a Uno representa una oportunidad invaluable para reconectarse con el equipo y alinear las metas, estos gerentes insisten en aferrarse a un pasado que ya no existe. Lamentablemente, este tipo de actitud suele requerir una intervención externa, una escalación del problema por parte del equipo, o simplemente el paso del tiempo para que el problema se corrija o expire.

Superar la falta de tiempo y cancelaciones

La falta de tiempo es uno de los obstáculos más comunes para mantener reuniones Uno a Uno consistentes. Sin embargo, es fundamental recordar que estas reuniones son una inversión de tiempo con retornos significativos. Para superarlo:

1. Bloquea el tiempo en tu agenda: programa las reuniones con antelación y trátalas como una prioridad inamovible. Usa herramientas de calendario que te ayuden a gestionar recordatorios.

2. Mantén la consistencia: aun cuando surjan imprevistos, re programa la reunión en lugar de cancelarla. Esto refuerza la importancia de la conversación y demuestra que el desarrollo del empleado es una prioridad.

3. Delegar tareas menores: si tu agenda está saturada, identifica actividades que puedas delegar, liberando así tiempo para estas reuniones cruciales.

Sobrecarga de reuniones

Cuando un líder gestiona a muchos empleados, la cantidad de reuniones puede volverse abrumadora. Para evitar que las reuniones Uno a Uno se conviertan en una carga:

1. Agrupa reuniones estratégicamente: organiza varias reuniones Uno a Uno en bloques de tiempo consecutivos, pero asegúrate de que cada sesión tenga suficiente espacio para ser efectiva.
2. Ajusta la frecuencia: no todos los empleados requieren la misma frecuencia de reuniones. Usa el sistema de categorías MEK1:1 para determinar la cadencia adecuada para cada miembro del equipo.
3. Mantén la reunión enfocada y corta: aprende a ser eficiente con el tiempo. Un Uno a Uno efectivo no siempre tiene que durar una hora; si se aborda lo esencial, puede ser igualmente valioso en 30 minutos.

Mantener el enfoque en cada reunión

En ocasiones, las reuniones Uno a Uno pueden desviarse de los temas más importantes. Para mantener el enfoque:

1. Utiliza una agenda clara: antes de cada reunión, comparte una agenda con los puntos clave a discutir. Esto mantiene la conversación estructurada y evita que se desvíe.
2. Prioriza los temas más importantes: en lugar de intentar cubrir todo, identifica los tres temas más relevantes y asegúrate de abordarlos en cada reunión.
3. Toma notas durante la reunión: esto no solo te ayuda a seguir el hilo de la conversación, sino que también sirve como referencia para mantener el enfoque.

Cómo ofrecer retroalimentación crítica sin desmotivar

La retroalimentación crítica es necesaria, pero debe manejarse cuidadosamente para evitar desmotivar al empleado. Para hacerlo:

1. Usa el enfoque "SBI" (Situación-Comportamiento-Impacto): explica la situación específica, describe el comportamiento observado y menciona el impacto que tuvo. Este enfoque evita hacer juicios personales y se enfoca en los hechos.

    Ejemplo: "en la reunión del martes (situación), noté que interrumpiste a varios compañeros mientras hablaban (comportamiento). Esto afectó la fluidez de la conversación y pudo generar frustración en los demás (impacto)."

2. Balancea el feedback: comienza con algo positivo o un reconocimiento genuino, luego ofrece la retroalimentación crítica, y finalmente cierra con una orientación hacia la mejora.

3. Ofrece soluciones y apoyo: no te límites a señalar lo que está mal. Ofrece sugerencias de cómo mejorar y ofrece tu apoyo para que el empleado lo logre.

Abordar conflictos entre compañeros

Los conflictos entre compañeros pueden ser una situación delicada, y abordarlos de manera efectiva es crucial para mantener un ambiente de trabajo saludable:

1. Ser neutral: si el conflicto involucra a otros compañeros del equipo, evita tomar partido. Escucha la perspectiva del empleado y trata de mediar de manera objetiva.
2. Fomentar la comunicación directa: a menudo, los conflictos surgen de malentendidos. Anima al empleado a tener una conversación directa y respetuosa con la otra persona involucrada, y ofrece tu ayuda como mediador si es necesario.
3. Enfocarse en soluciones: después de escuchar el problema, dirige la conversación hacia soluciones concretas y prácticas para resolver el conflicto de manera efectiva.

Gestión de emociones en una conversación difícil

Las conversaciones difíciles pueden ser emocionales. Para manejar estas emociones:

1. Mantén la calma: si la conversación toma un giro emocional, es crucial mantener una actitud calmada y empática. Escucha activamente y, si es necesario, haz una pausa para permitir que ambos se calmen.
2. Reconoce las emociones del empleado: si percibes que el empleado está frustrado o molesto, valida sus emociones. Decir algo como: "entiendo que esto puede ser frustrante para ti" puede desactivar una situación potencialmente conflictiva.
3. Evita reacciones defensivas: si el empleado se pone a la defensiva, mantén la conversación centrada en los

hechos y en las posibles soluciones, sin entrar en un debate.

Cómo finalizar una reunión difícil de manera constructiva

Cuando una reunión Uno a Uno ha sido difícil, es importante cerrarla de manera positiva y constructiva para que el empleado salga con una sensación de avance:

1. Resume los puntos clave y los pasos a seguir: haz un breve resumen de lo que se discutió y los acuerdos alcanzados. Esto da claridad y enfoca al empleado en las soluciones.

2. Ofrece apoyo: cierra la reunión reafirmando tu compromiso de apoyar al empleado. Esto ayuda a reforzar la confianza.

3. Termina con algo positivo: incluso si la reunión fue difícil, intenta cerrar destacando algún aspecto positivo, ya sea un logro reciente o el potencial que ves en el empleado para mejorar.

Cada uno de los puntos anteriores es crucial para superar los obstáculos comunes que los líderes enfrentan al ejecutar reuniones Uno a Uno. Al manejar adecuadamente estas situaciones, puedes transformar cualquier reunión en una oportunidad valiosa para el desarrollo y éxito del equipo, las personas y la empresa.

Cómo abordar el bajo rendimiento

El bajo rendimiento es uno de los temas más delicados de abordar en una reunión Uno a Uno, y por eso merece un espacio especial en este capítulo. Al final del día, el objetivo de todo equipo es ganar, y ese éxito depende del desempeño de cada uno de sus miembros. Es el líder quien tiene la responsabilidad de garantizar que el equipo alcance sus metas. En el mundo empresarial, todo se reduce a ganar: solo ganando podemos pagar los salarios, mejorar la calidad de vida de todos y justificar la inversión de los accionistas. Por ello, es vital y crucial tratar el tema del bajo rendimiento, aunque sea difícil y, a veces, incómodo.

1. Preparación Previa a la Reunión

Objetivo:

Reunir información relevante para abordar el bajo desempeño del empleado con claridad y datos concretos.

Acciones:

- Revisar el historial de desempeño del empleado: evalúa informes previos, objetivos y retroalimentación pasada para identificar patrones de bajo rendimiento.

- Recopilar ejemplos específicos de bajo desempeño: identifica áreas clave donde el empleado ha fallado en cumplir sus objetivos o responsabilidades. Asegúrate de tener ejemplos objetivos y específicos (plazos no cumplidos, calidad de trabajo deficiente, etc.).

- Revisar los objetivos y expectativas actuales: asegúrate de tener claridad sobre las expectativas que se le han comunicado previamente al empleado. Si los objetivos no han sido claros, puede ser necesario rectificar eso durante la reunión.

Resultado esperado:

Llegar a la reunión con un panorama claro y bien documentado sobre el bajo desempeño del empleado.

2. Apertura de la Reunión

Objetivo:

Establecer un ambiente abierto y de confianza para discutir el bajo desempeño de manera constructiva.

Acciones:

- Iniciar con un tono positivo: abre la reunión resaltando algún aspecto positivo del trabajo del empleado para crear un ambiente receptivo y disminuir la tensión.

- Establecer el propósito de la reunión: Explica claramente que el objetivo de la conversación es mejorar el desempeño y encontrar soluciones, no castigar.

- Escuchar al empleado: antes de abordar el tema del bajo desempeño, pregunta cómo se siente el empleado respecto a su trabajo y si hay algo que le esté impidiendo cumplir con sus responsabilidades.

Ejemplo de introducción:

"Antes de entrar en algunos temas que me gustaría discutir, ¿cómo te has sentido con respecto a tu carga de trabajo y tus responsabilidades últimamente?"

Resultado esperado:

El empleado se siente escuchado y en un espacio seguro donde su retroalimentación es bienvenida.

3. Presentación del Bajo Desempeño

Objetivo:

Discutir de manera clara y objetiva los problemas de desempeño, utilizando ejemplos concretos.

Acciones:

- Presentar datos objetivos: expón ejemplos específicos del bajo desempeño sin hacer suposiciones ni juicios personales. Utiliza hechos, fechas y situaciones para respaldar tus comentarios.

- Relacionar el desempeño con los objetivos establecidos: Explica cómo las áreas donde no ha cumplido están afectando los objetivos personales y de la empresa.

- Escuchar la perspectiva del empleado: después de presentar los ejemplos, da la oportunidad al empleado de explicar su perspectiva. Puede haber problemas o barreras no visibles que estén afectando su rendimiento (falta de recursos, problemas personales, etc.).

Ejemplo de presentación:

"En los últimos meses, he notado que no se cumplieron los plazos en los proyectos X y Y, y el informe Z no cumplió con el estándar de

calidad esperado. Me gustaría entender si hay algo que te esté impidiendo cumplir con estos objetivos."

Resultado esperado:

El empleado tiene claridad sobre las áreas de bajo desempeño y comprende el impacto que esto tiene en su trabajo y en la empresa.

4. Identificación de Causas y Barreras

Objetivo:

Identificar las causas subyacentes que pueden estar contribuyendo al bajo desempeño del empleado.

Acciones:

- Explorar posibles causas: pregunta directamente al empleado si hay factores que estén afectando su capacidad para rendir de manera adecuada, como falta de habilidades, recursos insuficientes, problemas personales o desafíos relacionados con el entorno de trabajo.

- Identificar barreras internas o externas: si se mencionan problemas como falta de recursos, sobrecarga de trabajo o conflictos interpersonales, anótalos para abordarlos en la siguiente fase.

- Preguntar sobre expectativas y claridad: asegúrate de que el empleado entiende completamente sus objetivos y el nivel de rendimiento esperado.

Ejemplo de preguntas:

"¿Qué crees que está afectando tu capacidad para cumplir con tus responsabilidades en este momento?"

"¿Sientes que has tenido claridad en los objetivos y expectativas que te hemos dado?"

Resultado esperado:

Identificación clara de las barreras o problemas que están afectando el desempeño del empleado, ya sean de índole personal, profesional o relacionados con el entorno laboral.

5. Plan de Acción Correctiva

Objetivo:

Desarrollar un plan de acción concreto para corregir el bajo desempeño y proporcionar el apoyo necesario.

Acciones:

- Establecer objetivos SMART: define metas específicas, medibles, alcanzables, relevantes y con tiempo definido (SMART) para corregir el desempeño. Estas metas deben ser claras y tangibles, para que tanto el líder como el empleado puedan hacer un seguimiento efectivo.

- Proporcionar recursos o capacitación: si el empleado necesita apoyo adicional (formación, mentoría, recursos adicionales), asegúrate de que esto se incluya en el plan de acción.

- Dividir los objetivos en plazos cortos: establece hitos a corto plazo para medir el progreso en semanas o meses, en lugar de establecer un objetivo amplio a largo plazo.

- Asignar responsabilidades: asegúrate de que tanto el empleado como el líder sepan cuál será su rol en el seguimiento de los objetivos.

Ejemplo de plan de acción:

"Vamos a fijar el objetivo de que para el próximo mes completes el proyecto X con las especificaciones de calidad que hemos discutido. Te proporcionaré acceso a [recurso] y estaremos en contacto semanalmente para revisar el progreso."

Resultado esperado:

Un plan de acción claro y concreto con metas específicas y plazos definidos, alineado con los recursos y apoyo necesarios para que el empleado mejore.

6. Seguimiento y Evaluación del Progreso

Objetivo:

Garantizar que se dé seguimiento a las acciones acordadas y que el desempeño del empleado esté mejorando de acuerdo con el plan establecido.

Acciones:

- Reuniones regulares de seguimiento: establece reuniones de seguimiento, semanales o quincenales, para revisar el progreso hacia los objetivos establecidos.

- Proporcionar retroalimentación continua: durante el seguimiento, proporciona retroalimentación sobre los avances o posibles áreas que aún necesitan atención.

- Reajustar el plan si es necesario: si en las reuniones de seguimiento se observa que los objetivos no se están cumpliendo o hay nuevas barreras, ajusta el plan según sea necesario.

Ejemplo de seguimiento:

"Nos reuniremos cada semana durante los próximos dos meses para revisar tu progreso. ¿Te parece si agendamos la primera revisión para el próximo martes?"

Resultado esperado:

Seguimiento continuo del plan de acción, con ajustes necesarios para asegurar el progreso del empleado hacia el cumplimiento de sus responsabilidades.

7. Cierre o Escalación

Objetivo:

Evaluar el resultado final del plan de mejora y determinar los próximos pasos.

Acciones:

- Cierre positivo: si el empleado mejora su desempeño y cumple con los objetivos, cierra el proceso con una evaluación positiva, refuerza el comportamiento deseado y motívalo a continuar con el buen trabajo.

- Escalación si no hay mejora: si, después de un período razonable, el empleado no muestra mejoras, será necesario explorar opciones más formales, como un plan de mejora del rendimiento (PIP) o considerar medidas extremas.

Ejemplo de cierre positivo:

"He visto una mejora notable en tu rendimiento en los últimos meses. Quiero felicitarte por los avances y espero que sigamos trabajando de esta manera."

Ejemplo de escalación:

"Lamentablemente, no hemos visto el progreso esperado. Vamos a iniciar un plan de mejora formal que involucrará pasos adicionales para abordar estas áreas críticas."

Resultado esperado:

Cierre del ciclo con un plan de mejora exitoso o una escalación a medidas más formales si el desempeño no mejora.

Conclusión

Este plan detallado proporciona un enfoque estructurado para abordar el bajo desempeño de un empleado en una reunión Uno a Uno. La clave es la comunicación clara, el apoyo constante y el seguimiento efectivo, todo mientras se mantiene un ambiente de respeto y confianza.

CAPITULO 9

Lugares y Formatos para Realizar Reuniones Uno a Uno

Elegir el lugar y formato adecuado para una reunión Uno a Uno es fundamental para maximizar la calidad de la conversación y los resultados obtenidos. A continuación presentamos una guía de opciones recomendadas, considerando factores clave y ejemplos de empresas que han adoptado prácticas innovadoras en sus reuniones.

1. Sala de Reuniones Privada

Descripción: espacio cerrado y reservado exclusivamente para reuniones.

Ventajas:

- Garantiza privacidad, ideal para discutir temas sensibles o confidenciales.
- Minimiza distracciones, asegurando un entorno tranquilo y controlado.

2. Oficina del Líder

Descripción: Realizar la reunión en el espacio del líder proporciona un entorno formal y estructurado.

Ventajas:

- Mayor control sobre el ambiente, reduciendo interrupciones.
- Refuerza la autoridad y formalidad de la reunión.

Desventajas:

- El empleado podría sentirse en desventaja o intimidado.

3. Oficina del Empleado

Descripción: Reuniones en el espacio del empleado, lo que lo hace sentir más cómodo y en control.

Ventajas:

- El empleado puede sentirse más relajado y dispuesto a participar.
- Da al empleado un sentido de control sobre el entorno, equilibrando la dinámica de poder.

Desventajas:

- Mayor posibilidad de distracciones por parte del entorno de trabajo del empleado.

4. Espacio al Aire Libre (Caminatas)

Descripción: Reuniones caminando en un parque o área al aire libre.

Ventajas:

- Fomenta la creatividad y una atmósfera relajada, ideal para conversaciones abiertas y menos formales.
- Beneficios adicionales de bienestar al estar en movimiento y en contacto con la naturaleza.

Desventajas:

- No es adecuado para temas que requieran documentación o notas detalladas.
- Puede haber distracciones externas como ruido o clima.

Ideal para: Discusiones creativas, desarrollo profesional y mejorar la relación personal entre líder y empleado.

Ejemplos de empresas que lo practican:

- **Apple (Steve Jobs)**: Conocido por sus reuniones caminando para fomentar la creatividad.
- **Meta (Mark Zuckerberg)**: Utiliza reuniones caminando para mejorar la concentración y las ideas.
- **LinkedIn (Jeff Weiner)**: Realizaba caminatas durante las reuniones Uno a Uno para crear una mayor conexión personal.

- **Redgate y Horizon Farm Credit**: Empresas que han adoptado caminatas para mejorar el diálogo y fortalecer las relaciones.

5. Cafetería o Espacios Comunes

Descripción: Un entorno informal que reduce la formalidad de la reunión, creando un ambiente más relajado.

Ventajas:

- Proporciona un entorno relajado, perfecto para fomentar la conversación abierta.
- Puede generar una mayor conexión personal entre el líder y el empleado.

Desventajas:

- Falta de privacidad, no adecuado para discutir temas confidenciales.
- Puede haber ruido o interrupciones que afecten la concentración.

Ideal para: Reuniones informales, seguimiento de tareas o metas de corto plazo.

6. Reuniones Asincrónicas

Descripción: Reuniones donde las partes intercambian información y retroalimentación sin estar presentes al mismo tiempo. Utilizan herramientas de comunicación como correos electrónicos, mensajería o plataformas colaborativas (Slack, Trello, Asana).

Ventajas:

- Gran flexibilidad para equipos con diferentes zonas horarias o agendas complicadas.
- Permite que ambas partes respondan y reflexionen con más tiempo sobre los temas discutidos.

Desventajas:

Falta de interacción inmediata, lo que puede retrasar la resolución de problemas.

Ideal para: Equipos distribuidos geográficamente o cuando la conversación no requiere interacción inmediata.

7. Reuniones Virtuales (Videollamadas)

Descripción: Reuniones Uno a Uno a través de herramientas de videoconferencia como Zoom o Microsoft Teams.

Ventajas:

- Flexibilidad para equipos remotos o en ubicaciones diferentes.
- Permite un espacio privado sin la necesidad de moverse físicamente.

Desventajas:

- Puede faltar la conexión personal que se obtiene con las reuniones presenciales.
- Depende de la tecnología y la conexión a internet, lo que puede generar interrupciones.

Ideal para: Equipos remotos o en situaciones donde una reunión en persona no es posible.

Conclusión

El lugar y el formato de las reuniones Uno a Uno juegan un papel crucial en su efectividad. Lo importante es seleccionar un entorno o método que equilibre privacidad, comodidad y flexibilidad según el propósito de la reunión. Mientras que las salas privadas son ideales para conversaciones sensibles, opciones como las caminatas o reuniones asincrónicas pueden ser innovadoras y efectivas para fomentar la creatividad o la productividad en entornos de trabajo flexibles.

CAPITULO 10

Rompiendo con la monotonía de las reuniones Uno a Uno

Con el tiempo, las reuniones uno a uno pueden volverse monótonas si no se actualiza la dinámica, el enfoque o los temas de discusión. Preguntarte: "¿cómo romper la monotonía?", te permitirá explorar estrategias para mantener estas reuniones frescas, significativas y adaptadas a las necesidades cambiantes del empleado y la organización.

Cambiar el Lugar de la Reunión

Una forma simple de romper la monotonía es cambiar el lugar habitual de las reuniones. Por ejemplo, prueba realizar una reunión caminando al aire libre o en un lugar menos convencional, como una cafetería en la azotea del edificio. Este cambio en el entorno puede generar un nuevo enfoque mental y propiciar conversaciones más abiertas y relajadas.

Cambiar el Enfoque: Reuniones de Reconocimiento

El reconocimiento no debe limitarse a reuniones formales o evaluaciones anuales. Celebrar logros, tanto grandes como pequeños, en las reuniones Uno a Uno puede mejorar la moral y mantener la motivación.

- Reconocimiento de logros recientes: antes de la reunión, dedica tiempo a identificar logros específicos del empleado, como completar proyectos importantes o superar desafíos difíciles. El reconocimiento debe ser específico: *"Hiciste un excelente trabajo en el informe del cliente. Fue clave para el éxito del proyecto"*.

- Celebrar el progreso, no solo los resultados: a menudo, los empleados están inmersos en procesos largos donde el resultado final tarda en llegar. Reconocer el progreso hacia esas metas, aunque no se haya completado el proyecto, también es importante: *"He notado el esfuerzo y dedicación que has puesto en este proyecto. Tu progreso ha sido sobresaliente"*.

- Refuerzo positivo constante: no es necesario esperar grandes logros para ofrecer reconocimiento. Los pequeños éxitos también deben ser celebrados, ya que esto fomenta una cultura de agradecimiento y motivación constante. Puedes acompañar el reconocimiento con pequeños detalles, como una carta formal o un gesto simbólico, como una caja de donuts.

Revisar el Progreso con Nuevas Herramientas

Incorporar diferentes métodos para revisar el progreso o abordar problemas puede hacer que las reuniones sean más dinámicas y atractivas. Algunas opciones son:

- **Tableros visuales:** Herramientas como Trello, Asana o Monday son útiles para visualizar el progreso de proyectos y tareas. Estas plataformas facilitan la conversación sobre prioridades y bloqueos, mostrando el estado de las tareas en tiempo real.

- **Mapas mentales:** en lugar de usar listas lineales de tareas, los mapas mentales son útiles para explorar ideas de manera más creativa. Puedes invitar al empleado a construir un mapa mental sobre sus proyectos o metas profesionales.

- **Sesiones de brainstorming:** no todas las reuniones uno a uno deben centrarse en problemas operativos. Dedica tiempo a generar ideas para mejorar procesos o identificar nuevas oportunidades para el equipo. Esto convierte la reunión en un espacio colaborativo donde el empleado siente que puede contribuir de manera creativa.

- **Revisar logros y aprendizajes:** utiliza una herramienta como Notion para registrar logros y lecciones aprendidas. Esto ayuda a hacer un seguimiento continuo y motiva al empleado a reflexionar sobre su propio crecimiento.

Variedad en los Temas de Conversación

Para evitar que las reuniones se centren exclusivamente en temas operativos o repetitivos, es esencial diversificar los temas que se discuten. Algunas estrategias incluyen:

- Alternar entre rendimiento y desarrollo: Si en una reunión te enfocas en el progreso de las tareas, en la siguiente puedes centrarte en el desarrollo profesional, como oportunidades de capacitación o mentoría.

- Incluir temas estratégicos: Invita al empleado a discutir temas más amplios, como la estrategia del equipo o la dirección de la empresa. Preguntas como: *"¿Cómo ves la dirección en la que va el equipo?"* o *"¿Qué ideas tienes para mejorar nuestros procesos?"* pueden generar conversaciones más profundas.

- Rotar diferentes áreas de enfoque: Alterna entre temas como productividad, relaciones laborales, bienestar emocional y satisfacción general. Esto permite que la conversación sea relevante y multidimensional.

Una idea creativa sería mostrar pequeños videos de desarrollo personal durante la reunión y luego reflexionar juntos sobre los aprendizajes estimulando así conversaciones profundas.

Ideas para Diversificar los Uno a Uno

Aquí tienes una lista de temas centrales para variar el enfoque de cada reunión y evitar la monotonía:

- Reuniones para que el empleado ofrezca retroalimentación sobre el líder.

- Reuniones centradas en la dinámica del equipo.
- Reuniones sobre el trabajo actual del empleado.
- Reuniones para construir confianza.
- Reuniones sobre metas a largo plazo.
- Reuniones para el desarrollo de la carrera.

Mezcla e intercambia estos enfoques para que cada reunión Uno a Uno sea fresca, diferente y entretenida.

CAPITULO 11

Los Uno a Uno con "Salto de Nivel"

Dentro de una jerarquía organizacional, las reuniones Uno a Uno generalmente se realizan entre un líder y sus reportes directos. Sin embargo, en ocasiones, un líder —como un CEO— puede optar por saltarse a uno de sus reportes directos, como un director comercial, y realizar un Uno a Uno directamente con los gerentes de marca o incluso con los vendedores.

Los Uno a Uno con "Salto de Nivel" son herramientas poderosas, pero también conllevan riesgos. Es fundamental tener en cuenta ciertos factores para evitar que se conviertan en una práctica perjudicial.

Problemas Potenciales de los Uno a Uno con "Salto de Nivel"

1. Desconfianza y Pérdida de Autoridad del Gerente Directo

- **Descripción**: Cuando los empleados se reúnen directamente con un líder de nivel superior, puede generarse la percepción de que el gerente directo no es confiable o que no tiene el control de la situación. Esto puede erosionar la autoridad del gerente y debilitar la relación entre él y su equipo.

- **Consecuencia**: El gerente directo puede sentirse ignorado, lo que podría generar tensiones y afectar la moral del equipo a largo plazo.

2. Falta de Contexto y Desconexión

- **Descripción**: Los líderes de nivel superior pueden no estar al tanto de los detalles cotidianos del trabajo de los empleados ni de los problemas específicos que enfrentan. Esto puede dar lugar a malentendidos o interpretaciones incorrectas de la información proporcionada por los empleados.

- **Consecuencia**: Existe el riesgo de tomar decisiones basadas en información incompleta o fuera de contexto, lo que podría ser contraproducente para el equipo y la organización.

3. Inseguridad en los Empleados

- **Descripción**: Algunos empleados pueden sentirse incómodos o inseguros al hablar directamente con un supervisor de nivel superior, especialmente si este es percibido como distante o intimidante. Los empleados podrían pensar que la reunión se debe a la existencia de un problema del que no están al tanto.

- **Consecuencia**: El objetivo de mejorar la comunicación podría verse afectado si los empleados no se sienten seguros para expresar sus preocupaciones con honestidad.

Cómo Evitar los Problemas en los Uno a Uno con "Salto de Nivel"

Antes de programar un Uno a Uno con "Salto de Nivel", es crucial que el líder comunique su intención al gerente directo. Este debe entender claramente por qué se están realizando estas reuniones. Explicar que se llevarán a cabo con otros gerentes también es fundamental para evitar que el gerente piense que hay un problema del cual él no está informado.

Además, los participantes de la reunión Uno a Uno deben ser informados previamente sobre el propósito de esta. Enviar un mensaje positivo, informando que la intención es conocer mejor a los equipos, comprender las realidades del día a día o conectarse con las personas que mueven la empresa, puede ayudar a relajar el ambiente y generar una actitud receptiva.

Durante estas reuniones, el líder debe ser cuidadoso al responder preguntas. Si, por ejemplo, un empleado pide una opinión y el líder responde: "Eso me parece bien", podría interpretarse como una aprobación formal del líder supremo, lo cual podría llevar a una ejecución prematura sin la intervención o consentimiento del gerente directo. Esto socavaría la cadena de mando, lo que podría generar confusión y conflictos dentro del equipo.

Es fundamental que el líder directo evite interrogar agresivamente a sus colaboradores con preguntas como:

'"¿quién le dijo eso al CEO?" o tomar represalias. Este tipo de comportamiento crea un ambiente de desconfianza y puede afectar negativamente la cultura del equipo.

Conclusión

Si se planifican y ejecutan correctamente, los Uno a Uno con "Salto de Nivel" pueden ser extremadamente positivos tanto para el líder como para el equipo. Estas reuniones permiten una mayor conexión entre la alta dirección y los empleados, proporcionando una visión más clara de las dinámicas internas. Se recomienda que estos Uno a Uno se realicen con moderación, siendo una vez al año una buena práctica, siempre y cuando estén bien planificados y alineados con los objetivos organizacionales.

CAPITULO 12

Herramientas para optimizar los Uno a Uno

Las reuniones Uno a Uno deben ser simples y agradables. Las reglas y herramientas para ejecutarlas también deben serlo; si las complicamos, corremos el riesgo de dejar de hacerlas. Mantener la sencillez es clave para que se conviertan en una práctica regular y efectiva.

Reglas básicas para las reuniones Uno a Uno:

1. Establecer una cadencia regular.
2. Definir una agenda para la reunión.
3. Iniciar y finalizar puntualmente.
4. Centrarse en apoyar al liderado, no al líder.
5. Mantener un enfoque positivo; no son sesiones de juicio o corte marcial.
6. Terminar cada reunión con una lista clara de:
   - Lo que se ha resuelto.
   - Los compromisos adquiridos por ambas partes.
   - Próximos pasos a seguir.

Herramientas básicas:

- Resumen de la reunión anterior.
- Agenda de la reunión actual.
- Papel en blanco para las minutas.
- Formulario para el resumen de la reunión.
- Bolígrafo.

Una vez que el hábito de las reuniones Uno a Uno esté consolidado y la cadencia fluya naturalmente, podemos incorporar nuevas herramientas para elevar su efectividad.

En nuestro equipo, utilizamos dos herramientas clave: **Evernote** para gestionar todo, desde la programación de la cita, la creación de la agenda, la toma de minutas, el seguimiento de tareas, hasta el archivo histórico. También usamos **MEK1:1-360** para medir la efectividad y resultados de las reuniones mediante encuestas de retroalimentación.

Evernote

Evernote es la herramienta que uso para las reuniones Uno a Uno por su simplicidad, potencia y costo accesible. A continuación, explico cómo puedes utilizar Evernote en cada fase de tus reuniones Uno a Uno:

1. Preparación de la agenda u orden del día:

- **Crear una plantilla estándar**: Evernote permite crear plantillas reutilizables que incluyen secciones como:
  - Temas a discutir.

- o Actualización de progreso.
- o Obstáculos o desafíos.
- o Desarrollo profesional.
- o Próximos pasos.

Colaboración: puedes compartir esta plantilla con tu reporte directo antes de la reunión, permitiéndole agregar temas. Esto asegura que ambos lleguen preparados y facilita una conversación más productiva.

2. Toma de notas y minutas:

- **Escribir durante la reunión**: durante la reunión, utiliza Evernote para tomar notas directamente en la plantilla de agenda. Puedes anotar los puntos clave de la conversación, las decisiones tomadas y los temas discutidos.

- **Organización por etiquetas y cuadernos**: organiza las minutas en un cuaderno específico para cada empleado y utiliza etiquetas como "uno a uno", "reunión" y "feedback" para facilitar futuras búsquedas. Puedes combinar etiquetas para lograr búsquedas avanzadas como por ejemplo: Solo resúmenes o minutas de [fulano] relacionadas con [tareas] del [proyecto tal].

- **Compartir minutas**: al finalizar la reunión, puedes compartir fácilmente las minutas con tu reporte directo. Esto ayuda a tener un registro claro de lo discutido y de los compromisos adquiridos.

3. Plasmar compromisos, próximos pasos y tareas:

- **Lista de tareas y seguimiento**: utiliza la función de "checkbox" y "task" de Evernote para crear una lista de tareas asignadas durante la reunión. Puedes agregar los compromisos tanto del empleado como del líder, con fechas de vencimiento.

- **Recordatorios**: establece recordatorios para que Evernote te notifique antes de las fechas límite, asegurando que las tareas y compromisos no queden en el olvido.

4. Historial de las reuniones Uno a Uno:

- **Cuaderno para cada empleado**: crea un cuaderno específico para cada reporte directo, donde podrás almacenar todas las minutas de las reuniones anteriores. Esto te permitirá llevar un historial claro y accesible sobre lo discutido y el progreso alcanzado.

- **Búsqueda avanzada**: Evernote permite realizar búsquedas avanzadas dentro de las notas, lo que facilita encontrar conversaciones previas y evitar repetir temas.

Ventajas de Evernote para las reuniones Uno a Uno:

1. **Accesibilidad multiplataforma**: puedes acceder a tus notas desde cualquier dispositivo (móvil, web, escritorio), lo que te permite revisar o actualizar tus notas en cualquier momento y lugar.

2. **Colaboración en tiempo real**: Evernote permite que los empleados colaboren en las notas o agreguen actualizaciones en tiempo real.

3. **Historial centralizado**: mantener un registro histórico de todas las reuniones te ayuda a medir el progreso a lo largo del tiempo y ofrecer retroalimentación basada en hechos concretos.

MEK1:1-360

El **MEK1:1-360** es una herramienta de evaluación periódica que mide la efectividad de las reuniones Uno a Uno. El liderado evalúa a su líder, y el líder evalúa al liderado, proporcionando una visión completa de la dinámica de trabajo. Recomendamos realizar estas evaluaciones trimestralmente, y los resultados se discuten en un Uno a Uno.

Si deseas obtener plantillas preelaboradas con los cuestionarios o que diseñemos una personalizada basada en tus objetivos específicos, visita www.ReunionUnoaUno.com.

También ofrecemos formatos de reuniones Uno a Uno alineados con la misión, visión, valores y metas de tu empresa, además de formar y acompañar a "Champions" en cada departamento para integrar esta práctica en la cultura organizacional.

Reuniones Uno a Uno

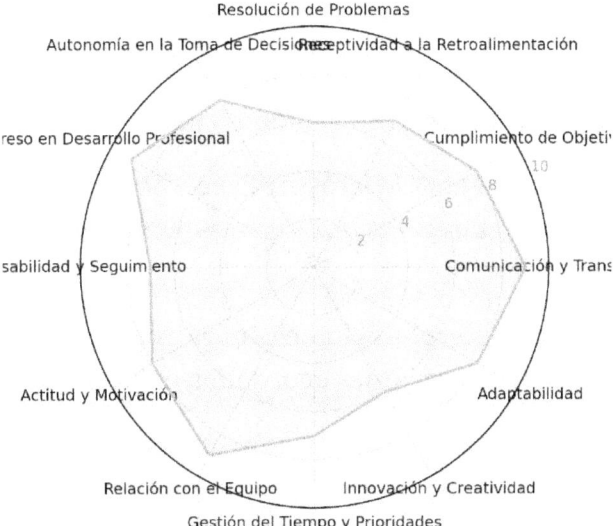

MEK1:1-360 Evaluación del Liderado por el Líder

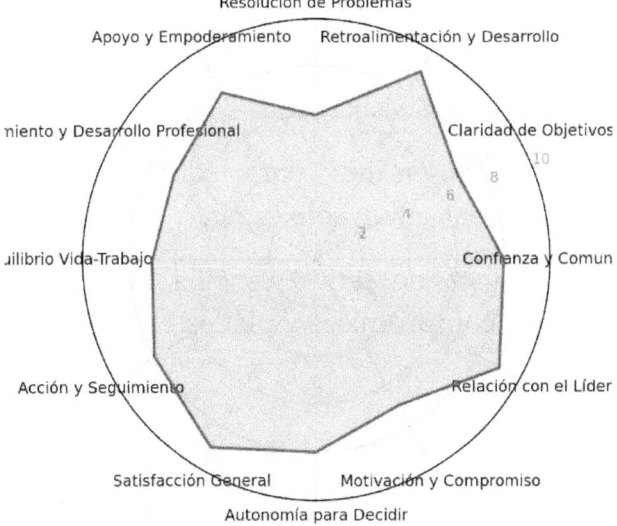

MEK1:1-360 Rueda de Evaluación del Líder por el Liderad

Otras herramientas útiles para los Uno a Uno:

1. **Google Docs / Microsoft Word Online**: colaboración en tiempo real para registrar minutas, objetivos y comentarios. Ambos pueden hacer actualizaciones.

2. **Google Sheets / Microsoft Excel**: hojas de cálculo para gestionar tareas, plazos y responsables de manera visual.

3. **Trello**: tableros visuales para organizar tareas y gestionar las acciones acordadas en las reuniones.

4. **Asana**: gestión de tareas y proyectos compartidos, asignación de acciones y seguimiento con plazos específicos.

5. **Microsoft Teams / Slack**: herramientas de comunicación y colaboración en tiempo real que integran tareas y recordatorios.

6. **OneNote:** muy útil para la gestión de reuniones Uno a Uno, especialmente si trabajas en un entorno que utiliza la suite de Microsoft.

7. **Notion**: todo-en-uno para combinar documentos, tablas y tareas en un solo lugar.

8. **Todoist**: lista de tareas sencilla pero efectiva para organizar compromisos y plazos.

Conclusión

Las herramientas adecuadas pueden mejorar significativamente la efectividad de tus reuniones Uno a Uno. Al implementar soluciones como Evernote y MEK1:1-360, no solo se mejora la organización, sino también la capacidad de seguimiento y retroalimentación continua, ayudando a los empleados a alcanzar sus objetivos y a mejorar su desempeño de manera estructurada y colaborativa.

Indicadores de Rendimiento

Para evaluar la **efectividad de tus reuniones uno a uno**, puedes utilizar una serie de indicadores clave de rendimiento (KPIs) que te permitan medir su impacto en el desarrollo del empleado y en la productividad general. A continuación, te detallo algunos **indicadores** que puedes usar:

1. Frecuencia de las reuniones

- **Descripción:** evalúa si las reuniones se están llevando a cabo con la periodicidad adecuada, según lo planeado.

- **Indicador:** % de cumplimiento del calendario de reuniones.

- **Por qué es importante:** una frecuencia consistente de reuniones permite la continuidad en la retroalimentación y el seguimiento de los objetivos.

2. Progreso en el logro de metas

- **Descripción:** mide cuántas metas y tareas acordadas durante las reuniones uno a uno se están logrando dentro de los plazos establecidos.

- **Indicador:** % de metas cumplidas en el plazo acordado.

- **Por qué es importante:** indica si las reuniones están ayudando al empleado a cumplir con sus objetivos y mejorar su desempeño.

3. Nivel de satisfacción del empleado

- **Descripción:** evalúa qué tan satisfechos están los empleados con las reuniones uno a uno. Esto puede medirse a través de encuestas anónimas o directas.

- **Indicador:** puntuación de satisfacción en una escala de 1 a 10.

- **Por qué es importante:** la satisfacción del empleado con estas reuniones puede ser un indicador de confianza y de la efectividad de estas para abordar sus inquietudes y desarrollo.

4. Calidad de la comunicación

- **Descripción:** mide la percepción del empleado y del líder sobre la claridad y transparencia en la comunicación durante las reuniones.

- **Indicador:** evaluación cualitativa o encuesta (ej. "¿Sientes que las reuniones te permiten expresarte abiertamente?").

- **Por qué es importante:** la buena comunicación es esencial para resolver problemas, alinear expectativas y fomentar el desarrollo.

5. Identificación y resolución de problemas

- **Descripción:** mide cuántos problemas o desafíos se identifican y resuelven a través de estas reuniones.

- **Indicador:** % de problemas resueltos o mitigados tras una reunión.

- **Por qué es importante:** las reuniones uno a uno deben ser un espacio para identificar barreras y trabajar en soluciones, mejorando la eficiencia y el bienestar del empleado.

6. Seguimiento de compromisos

- **Descripción:** evalúa si se realiza un seguimiento adecuado de los compromisos adquiridos durante las reuniones, como tareas pendientes, apoyo ofrecido o desarrollo de habilidades.

- **Indicador:** % de compromisos cumplidos y seguidos en la próxima reunión.

- **Por qué es importante:** un buen seguimiento asegura que las reuniones no sean solo conversaciones, sino que resulten en acciones concretas.

7. Impacto en el desarrollo profesional

- **Descripción:** mide el progreso en el desarrollo de habilidades y competencias del empleado tras las reuniones uno a uno.

- **Indicador:** número de nuevas habilidades adquiridas o mejora de desempeño en áreas clave.

- **Por qué es importante:** las reuniones deben ayudar al empleado a crecer en su rol y avanzar en su carrera.

8. Reducción de la rotación de empleados

- **Descripción:** mide si las reuniones uno a uno contribuyen a mejorar la retención de talento en la empresa.
- **Indicador:** tasa de rotación voluntaria de empleados en el equipo.
- **Por qué es importante:** si los empleados se sienten escuchados y apoyados, es menos probable que abandonen la empresa.

9. Mejora en el clima laboral

- **Descripción:** evalúa si las reuniones uno a uno están teniendo un impacto positivo en el ambiente de trabajo y las relaciones interpersonales.
- **Indicador:** puntuaciones de encuestas de clima laboral o interacciones positivas entre miembros del equipo.
- **Por qué es importante:** las reuniones deben fortalecer las relaciones y mejorar el ambiente general en el equipo.

10. Tiempo invertido vs. productividad

- **Descripción:** mide si el tiempo invertido en las reuniones uno a uno está generando un impacto positivo en la productividad y desempeño general del equipo.

- **Indicador:** % de aumento en productividad o cumplimiento de objetivos tras la implementación de las reuniones.

- **Por qué es importante:** el tiempo invertido en las reuniones debe justificarse con mejoras visibles en el rendimiento y alineación de los objetivos.

Herramientas para medir estos indicadores:

- **Encuestas de satisfacción:** usa herramientas como Google Forms o SurveyMonkey para medir la percepción del empleado tras cada reunión.

- **Herramientas de gestión de proyectos (Asana, Trello):** monitorea el progreso de las tareas y metas asignadas en las reuniones.

- **Software de evaluación del desempeño:** utiliza plataformas como BambooHR o Lattice para evaluar el desarrollo profesional del empleado y el cumplimiento de metas a largo plazo.

Usar estos indicadores te permitirá no solo asegurar la efectividad de las reuniones uno a uno, sino también identificar oportunidades de mejora y maximizar su impacto.

CAPITULO 13

Escenarios inspirados en líderes influyentes.

Hasta ahora has aprendido mucho sobre los Uno a Uno: qué son, por qué y para qué hacerlos, cómo prepararte, agendarlos, estructurarlos, llevar las minutas y crear resúmenes, entre otros aspectos clave. Para ayudarte a digerir mejor este conocimiento, ¿qué mejor manera que aprender de escenarios de éxito?

A continuación, presento escenarios inspirados en líderes influyentes que han utilizado los Uno a Uno para resolver problemas y maximizar el desempeño de sus equipos.

Espero que disfrutes este compendio que hemos elaborado para ti y sirva de inspiración.

Introducción: El poder de los Uno a Uno en equipos exitosos.

Al leer estos escenarios, podrás deducir que un factor común en estas empresas exitosas es el uso del Uno a Uno como una de sus herramientas principales. Esta práctica les ha permitido construir confianza, resolver problemas, fomentar la innovación y desarrollar algunos de los mejores líderes del mundo.

En nuestro portal www.ReunionUnoaUno.com encontrarás muchos otros escenarios que hemos excluido para no sobrecargar este capítulo. Uno de mis favoritos que encontrarás ahí es cómo Airbnb utilizó los Uno a Uno para superar los grandes desafíos durante la pandemia.

Escenario 1: IBM y Lou Gerstner

En los años 80, IBM era una gigantesca burocracia con una cultura jerárquica que había perdido su capacidad de innovar y de adaptarse a los cambios del mercado. La desconexión entre la alta dirección y los empleados impedía el flujo de ideas y el diálogo abierto, lo que agravaba los problemas financieros y operativos.

Intervención:

Lou Gerstner, CEO de IBM en 1993, implementó reuniones Uno a Uno con empleados de todos los niveles, desde altos ejecutivos hasta trabajadores de base. Gerstner buscaba escuchar directamente a quienes operaban en el campo, eliminando barreras jerárquicas que bloqueaban la comunicación.

Impacto:

- Comunicación abierta: Gerstner derribó el miedo de los empleados a expresarse, lo que permitió un flujo de ideas hacia la alta dirección.

- Identificación de problemas ocultos: las reuniones permitieron detectar ineficiencias operativas que los niveles intermedios no habían comunicado.

- Re-establecimiento de la confianza: estas reuniones generaron relaciones personales que reconstruyeron la confianza en la dirección.

- Empoderamiento: los empleados se sintieron escuchados y motivados para proponer ideas innovadoras, lo que revitalizó la cultura de IBM.

Resultado:

La estrategia de Gerstner transformó a IBM en una empresa moderna, centrada en servicios y soluciones tecnológicas, rescatándola de su crisis financiera y asegurando su relevancia en el mercado global.

Escenario 2: Microsoft y Bill Gates

Durante los años 90, Microsoft estaba en una etapa de crecimiento exponencial, pero enfrentaba retos internos en la colaboración entre equipos. Steven Sinofsky, líder de importantes proyectos de software, era conocido por su estilo controlador, lo que generaba fricciones interdepartamentales.

Intervención:

Bill Gates utilizó las reuniones Uno a Uno con Sinofsky para ofrecerle retroalimentación constructiva y empujarlo a ser más colaborativo y flexible en su gestión. Gates le brindó recomendaciones para mejorar la comunicación y delegar más responsabilidades a su equipo.

Impacto:

- Mejora en la colaboración: Sinofsky ajustó su estilo de liderazgo, permitiendo mayor coordinación entre departamentos.

- Crecimiento profesional: gracias a estas reuniones, Sinofsky se convirtió en un líder más equilibrado, llegando a liderar el desarrollo de Windows 7 con gran éxito.

Resultado:

El enfoque de Gates en la retroalimentación directa durante los Uno a Uno ayudó a mejorar la dinámica interna en Microsoft y fortaleció la cultura de liderazgo en la empresa.

Escenario 3: General Electric y Jack Welch

En los años 80, General Electric (GE) era una empresa burocrática y lenta. Jack Welch, CEO, introdujo un sistema de "desempeño diferenciado", evaluando a los empleados según su rendimiento y promoviendo a aquellos con mayor potencial.

Intervención:

Welch utilizó reuniones Uno a Uno rigurosas para evaluar el desempeño de los ejecutivos, revisar metas y ajustar estrategias en función de los resultados obtenidos.

Impacto:

- Expansión de divisiones clave: las reuniones Uno a Uno impulsaron a la división de plásticos de GE a ser una de las más rentables de la empresa.

- Mejora del desempeño: los líderes sabían que debían rendir cuentas, lo que incentivó el enfoque en resultados y la mejora continua.

Resultado:

La cultura de revisión del desempeño a través de reuniones Uno a Uno fortaleció a GE, convirtiéndola en una de las empresas más innovadoras y rentables del mundo.

Escenario 4: Starbucks y Howard Schultz

En 2008, Starbucks estaba en crisis. La expansión había comprometido la calidad y desconectado a los empleados de la misión original de la empresa.

Intervención:

Howard Schultz, CEO, utilizó reuniones Uno a Uno con empleados y gerentes para descubrir problemas ocultos en las operaciones y la experiencia del cliente.

Impacto:

- Solución de problemas operativos: Schultz identificó y resolvió problemas con las máquinas de expreso que afectaban la experiencia del cliente.

- Reconstrucción de la cultura: las reuniones ayudaron a Schultz a re conectar a los empleados con la misión original de Starbucks, lo que mejoró la moral y el servicio al cliente.

Resultado:

Starbucks logró revitalizar su marca y operaciones, regresando a su esencia de calidad y experiencia personalizada.

Conclusión

El uso de reuniones uno a uno por Howard Schultz en Starbucks fue fundamental para identificar y resolver obstáculos operativos, problemas en la experiencia del cliente y la desconexión con la misión original de la empresa. Gracias a estas reuniones, Schultz fue capaz de detectar los problemas reales a nivel operativo y cultural, permitiendo a Starbucks emprender una exitosa transformación. Las reuniones uno a uno sirvieron como una herramienta poderosa para restaurar la calidad, mejorar la moral de los empleados y volver a conectar la empresa con su visión original.

Escenario 6: SpaceX y Elon Musk

SpaceX, fundada por Elon Musk en 2002, tenía como objetivo reducir los costos de los viajes espaciales y hacer que la colonización de Marte fuera viable. La industria aeroespacial es altamente compleja y demandante, y para mantener la innovación y superar los desafíos técnicos, Musk implementó un enfoque de liderazgo que incluía reuniones Uno a Uno con su equipo de ingenieros y líderes de proyectos.

Intervención:

Elon Musk utiliza los Uno a Uno no solo para revisar el progreso técnico, sino para profundizar en los detalles y resolver problemas rápidamente. Su estilo es conocido por ser directo y exigente, buscando que los ingenieros expliquen sus decisiones en profundidad y se enfoquen en soluciones creativas.

Impacto:

- Solución rápida de problemas técnicos: las reuniones Uno a Uno permitieron a Musk identificar rápidamente problemas técnicos complejos y proponer soluciones en tiempo real, lo que aceleró el desarrollo de proyectos clave como el Falcon Heavy y el cohete reutilizable.

- Fomento de la innovación y la toma de riesgos: Musk alentaba a su equipo a pensar de manera audaz y a no temer el fracaso. En las reuniones Uno a Uno, discutía nuevas ideas y proporcionaba retroalimentación inmediata, lo que ayudaba a mantener un ritmo de innovación constante.

- Implicación directa en el liderazgo técnico: a través de los Uno a Uno, Musk mantenía una conexión cercana con los desarrollos técnicos más importantes, lo que le permitió liderar con conocimiento detallado y aportar su propia visión para superar los desafíos.

Resultado:

El enfoque de Musk en los Uno a Uno ayudó a SpaceX a alcanzar logros significativos, como el lanzamiento del Falcon 9 y el desarrollo de naves espaciales reutilizables, lo que transformó la industria aeroespacial y posicionó a SpaceX como líder en innovación.

Escenario 7: Apple y Steve Jobs

Apple se enfrentó a un renacimiento con el regreso de Steve Jobs en 1997. La compañía estaba al borde de la bancarrota, con una cartera de productos desordenada y una cultura de trabajo desmotivada. Jobs implementó una serie de cambios radicales, incluido el uso de reuniones Uno a Uno para alinear a su equipo con su visión y centrarse en los productos clave que devolverían a Apple a la cima de la innovación tecnológica.

Intervención:

Steve Jobs utilizaba las reuniones Uno a Uno como una herramienta para identificar a los empleados más talentosos y asegurarse de que los proyectos clave estuvieran en manos de los mejores. Era conocido por ser extremadamente exigente, pero también por proporcionar retroalimentación directa y enfocada.

Impacto:

- Foco en la simplicidad y calidad: en sus reuniones Uno a Uno, Jobs discutía la importancia de la simplicidad y el diseño intuitivo, valores que fueron clave en el desarrollo de productos como el iMac, el iPod y, más tarde, el iPhone.

- Empoderamiento de los líderes creativos: Jobs identificaba a líderes clave en cada división y usaba los Uno a Uno para empoderarlos, asegurándose de que cada equipo tenía claro el objetivo final de Apple: crear productos que cambiaran el mundo.

- Retroalimentación constante: estas reuniones permitían a Jobs tener control directo sobre la calidad y dirección de los productos en desarrollo, asegurando que se alinearan con su visión antes de llegar al mercado.

Resultado:

El enfoque intensivo de Jobs en las reuniones Uno a Uno ayudó a que Apple se convirtiera en una de las empresas más exitosas e innovadoras del mundo. La claridad en las expectativas y el enfoque en la excelencia impulsaron la creación de productos icónicos que revolucionaron la industria tecnológica y la vida de millones de personas.

Conclusión:

Estos Escenarios demuestran cómo las reuniones Uno a Uno son una herramienta poderosa para transformar empresas, mejorar el liderazgo y fomentar la innovación. Ya sea para resolver problemas, impulsar el desarrollo de los empleados o mejorar la colaboración, los Uno a Uno se han probado como una de las mejores inversiones de tiempo para líderes que buscan generar un impacto positivo en sus organizaciones.

CAPITULO 14

Conclusiones

A lo largo de este libro, hemos explorado en profundidad la importancia de las reuniones Uno a Uno como una herramienta esencial para el liderazgo efectivo y el desarrollo de los equipos. Desde comprender qué son y por qué son cruciales, hasta cómo estructurarlas y superar los obstáculos que surgen, este viaje ha revelado que las reuniones Uno a Uno no son simplemente un mecanismo de gestión, sino un vehículo poderoso para impulsar la productividad, la confianza y el crecimiento dentro de cualquier organización.

El poder del Uno a Uno

Las reuniones Uno a Uno ofrecen una oportunidad única para que líderes y colaboradores se conecten de manera directa, creando un espacio de diálogo abierto y personalizado que va más allá de las interacciones grupales o de las revisiones formales de desempeño. Hemos visto cómo líderes icónicos en empresas como IBM, Microsoft, General Electric, Apple, SpaceX, y otras utilizan esta herramienta para transformar sus organizaciones, no solo abordando problemas inmediatos, sino fomentando un ambiente donde la confianza y la creatividad pueden florecer.

El liderazgo moderno requiere más que simplemente dar órdenes y delegar tareas. Se trata de cultivar relaciones, ofrecer apoyo emocional y profesional, y guiar a cada miembro del equipo para que alcance su máximo potencial. Las reuniones Uno a Uno son la forma más efectiva de hacer esto de manera constante y estratégica.

De todas las responsabilidades que tiene un líder, ejecutar reuniones Uno a Uno es probablemente la más importante y la que mayor impacto positivo puede generar. La razón es simple: el liderazgo se trata de personas, y las personas crecen cuando son apoyadas, escuchadas y guiadas. Si bien muchas otras tareas pueden delegarse o posponerse, las reuniones Uno a Uno deben ser una prioridad no negociable para cualquier líder que busque resultados excepcionales y sostenibles.

Este libro ha desglosado la importancia de las reuniones Uno a Uno en cada aspecto del liderazgo, desde la planificación hasta la ejecución, y cómo superar los desafíos más comunes. Pero más allá de las técnicas y las herramientas, lo que realmente importa es la intención detrás de cada reunión: apoyar a los empleados en su desarrollo, construir relaciones basadas en la confianza y guiar a los equipos hacia el éxito.

Al finalizar este viaje, te animo a que adoptes los Uno a Uno como una parte esencial de tu estilo de liderazgo. No solo verás un impacto inmediato en la moral y el desempeño de tu equipo, sino que también te sentirás más conectado con ellos y mejor preparado para liderar en cualquier circunstancia.

Recuerda: liderar no es solo administrar tareas, es inspirar, guiar y empoderar a las personas para que alcancen su máximo potencial. Y las reuniones Uno a Uno son la herramienta más poderosa para lograrlo.

Con esto concluye este capítulo final, donde los principios clave y las herramientas presentadas se combinan para brindarte una guía integral sobre cómo utilizar los Uno a Uno para generar un liderazgo efectivo y sostenible. ¡Es hora de poner en práctica todo lo que has aprendido y llevar a tu equipo al siguiente nivel!

Acerca del autor

Miguel Antonio Esquivel Klein

Mike cuenta con más de 40 años de experiencia en la capacitación de empresas, personas, ONGs, escuelas y universidades. Es experto en el aprendizaje experiencial y ha desarrollado una trayectoria destacada en diversas áreas de la formación y el liderazgo. Entre sus logros se incluyen:

- Master Experiential Educator con amplia experiencia en educación a través de experiencias vivenciales.
- Coach certificado por la International Association of Coaches.
- Instructor en dinámicas de alto impacto por el Firewalking Institute of Research & Education.

- Master Outdoor Trainer certificado internacionalmente.

- Certificación en la ciencia del éxito por la Universidad de Michigan, en el programa "The Science of Success".

- Certificación en psicología positiva por la Universidad de Carolina del Norte en Chapel Hill, especializándose en "Positive Psychology".

- Reconocido por la Fuerza Aérea de los Estados Unidos con un mérito especial por su dirección del programa de aprendizaje experiencial.

- Medalla de Honor "Seamanship" por academia del U.S. Navy donde se graduó como oficial reservista e instructor.

- Durante 14 años, fue contratista de capacitación para las Fuerzas Armadas de los Estados Unidos, dejando un legado de excelencia en el aprendizaje y la formación.

Actualmente, Mike es el Director de la Academia Empresarial Latinoamericana, donde continúa impartiendo su conocimiento y pasión por el desarrollo de líderes y equipos de alto rendimiento.